AUFTAKT

Entdecken Sie Salzburg und das Salzkammergut!

*Auf Mozart läßt sich Salzburg nicht reduzieren.
Die Geschichte ist aber stets gegenwärtig*

Die Namensgleichheit von Stadt und Land Salzburg stiftet zuweilen Verwirrung. Und was ist das Salzkammergut? Das Salzkammergut ist eine Berg- und Seenlandschaft, an der die Bundesländer Oberösterreich (72 Prozent), Steiermark (16 Prozent) und Salzburg (12 Prozent) Anteil haben. Das verbindende Element zwischen dem Bundesland Salzburg und dem Salzkammergut ist, wie die Namen schon verraten, das Salz, das in historischer Zeit, angefangen bei den Kelten, als »weißes Gold« von außerordentlicher Bedeutung war und den Reichtum der Landesherren begründete. Im 19. Jahrhundert wurde eine weitere zukunftsweisende Verwendung für das Salz entdeckt, nämlich die Heilkraft der Sole. In der Folge entwickelte sich eine Reihe von Kurorten – Bad Ischl ist einer der bekanntesten –, die bis heute florieren.

Der Ausdruck »Salzkammergut« verlangt nach einer Erklärung. Das Salz war für die Habsburger als österreichische Landesfürsten eine tragende Säule ihrer wirtschaftlichen und somit politischen Bedeutung. Der große Wert der Erträge der Salzbergwerke in dieser Region veranlaßte die Habsburger dazu, von 1311 bis 1656 die Ausbildung dieses einzigartigen »Salzwirtschaftsstaates« als Staat im Staat zu betreiben. Er fand 1453 mit der Errichtung des Salzamts im Kammerhof in Gmunden seinen bis heute die Stadt und die Region prägenden Ausdruck. Erst 1782 wurde das Kammergut von Kaiser Joseph II. aufgelöst und der regulären Landesverwaltung Oberösterreichs eingegliedert, aber einige Funktionen der alten Salzämter blieben weiter bestehen. Die über vier Jahrhunderte geltende Sonderstellung des Salzkammerguts kam der Region sehr zustatten. Die Städte

*Das Dachsteingebirge doppelt.
Einmal echt und einmal im
Gosausee gespiegelt*

Gmunden, Bad Ischl, die Märkte und Dörfer Hallstatt, Lauffen, Altmünster, Ebensee, Traunkirchen, später auch Gosau, St. Wolfgang und andere verdanken ihre Entwicklung und ihre bemerkenswerte Architektur dieser besonderen Einbindung in die Salzwirtschaft. Das Salzkammergut war auch territorial ein geschlossenes Gebilde. Zuwanderung war verboten, ebenso das Hinaus- und Hereinheiraten. Fremde Besucher mußten sich in Hallstatt oder Gmunden befristete Pässe zum Besuch des Salzkammerguts ausstellen lassen. Auch das Fürsterzbistum Salzburg behauptete seine politische Eigenständigkeit im Deutschen Reich bis zu den Napoleonischen Kriegen nicht zuletzt gestützt auf das Salz und kam erst 1816 an Österreich. Mittlerweile wird im Land Salzburg kein Salz mehr abgebaut, wohl aber im Salzkammergut. »Schaubergwerke« in Hallstatt, Hallein, Altaussee und Bad Ischl halten die Erinnerung an diesen einst fundamentalen Wirtschaftszweig wach.

Heute ist der Tourismus wirtschaftlich wichtig. Stadt und Land Salzburg sind ebenso wie das Salzkammergut mit einem vielfältigen Angebot auf Gäste eingestellt: Kultur, Sport, im Winter wie im Sommer, die vielen Einrichtungen zur Erhaltung und Wiedererlangung der Gesundheit sind Beweggründe, um nach Salzburg und ins Salzkammergut zu kommen. Inzwischen wird auch mehr und mehr der Wert einer zumindest halbwegs intakten Umwelt erkannt. Die Schaffung des Nationalparks Hohe Tauern ist dafür ein Beispiel, aber auch die Bemühungen, die vielen kleinen, kaum konkurrenzfähigen Bauernhöfe in den Gebirgsgegenden zu erhalten, weil sie für das Gepräge und die Pflege der Landschaft sehr wichtig sind.

Das Salzburger Land reicht vom Gebirgszug der Hohen Tauern im Süden mit stattlichen Dreitausendern – der höchste Berg ist der Großvenediger mit 3674 m – bis zum flachen Seengebiet im Norden – die tiefste Stelle liegt 400 m über dem Meer – an der Grenze zu Oberösterreich. Entsprechend unterschiedlich ist das Klima. Drei ineinander übergehende Klimazonen machen sich bemerkbar: Sie reichen vom ausgeprägten Kontinentalklima über das festländische Hangklima bis zu fast ständigem Frostklima mit polaratlantischem Charakter. Aber – es gibt rund 1550 Sonnenscheinstunden im Jahr. Allerdings können die Temperaturen extrem schwanken. Sprünge von bis zu 20 Grad von einem Tag zum anderen sind keine Seltenheit. An 80 bis 100 Tagen im Jahr muß man mit Temperaturen unter null Grad rechnen. Im Sommer können die Nächte trotz heißer Tage überraschend kühl sein. An 15 bis 20 Tagen im Jahr herrscht starker Südwind, Föhn genannt, der die Sichtweite zu den Bergen zu verkürzen scheint und der Benommenheit und Reizzustände auslösen kann. Und der »Schnürlregen«? Ist er bloß Legende? Nein, es gibt ihn wirklich. Der feine, dicht fallende Regen sieht harmlos aus, doch binnen kurzem kann man durch ihn total durchnäßt sein.

Die Vegetation ist entsprechend den vielen unterschiedli-

MARCO ⊕ POLO
SALZBURG
SALZKAMMERGUT

Reisen mit Insider-Tips

Diese Tips sind die ganz speziellen Empfehlungen unserer Autoren. Sie sind im Text gelb unterlegt.

Sechs Symbole sollen Ihnen die Orientierung in diesem Führer erleichtern:

für Marco Polo Tips – die besten in jeder Kategorie

für alle Objekte, bei denen Sie auch eine schöne Aussicht haben

für Plätze, wo Sie bestimmt viele Einheimische treffen

für Treffpunkte für junge Leute

(A 1)
Koordinaten für die Übersichtskarte

Die Marco Polo Route in der Karte verbindet die schönsten Punkte von Salzburg, dem Salzburger Land und dem Salzkammergut zu einer Idealtour.

Diesen Führer schrieb Werner Thuswaldner. Er arbeitet seit vielen Jahren als Kulturredakteur in Salzburg. Die Marco Polo Reihe wird herausgegeben von Ferdinand Ranft.

MAIRS GEOGRAPHISCHER VERLAG

MARCO ⊕ POLO

Für Ihre nächste Reise gibt es folgende Titel dieser Reihe:

Ägypten • Alaska • Algarve • Allgäu • Amrum/Föhr • Amsterdam • Andalusien • Antarktis • Argentinien/Buenos Aires • Athen • Australien • Azoren • Bahamas • Bali/Lombok • Baltikum • Bangkok • Barbados • Barcelona • Bayerischer Wald • Berlin • Berner Oberland • Bodensee • Bornholm • Brasilien/Rio • Bretagne • Brüssel • Budapest • Bulgarien • Burgenland • Burgund • Capri • Chalkidiki • Chiemgau/Berchtesgaden • China • Costa Blanca • Costa Brava • Costa del Sol/Granada • Costa Rica • Côte d'Azur • Dalmatinische Küste • Dänemark • Disneyland Paris • Dolomiten • Dominikanische Republik • Dresden • Dubai/Emirate/Oman • Düsseldorf • Ecuador/Galapagos • Eifel • Elba • Elsaß • England • Erzgebirge/Vogtland • Feuerland/Patagonien • Finnland • Flandern • Florenz • Florida • Franken • Frankfurt • Frankreich • Französische Atlantikküste • Fuerteventura • Galicien/Nordwest-Spanien • Gardasee • Golf von Neapel • Gran Canaria • Griechenland • Griechische Inseln/Ägäis • Hamburg • Harz • Hawaii • Heidelberg • Holland • Holländische Küste • Hongkong • Ibiza/Formentera • Indien • Ionische Inseln • Irland • Ischia • Island • Israel • Istanbul • Istrien • Italien • Italien Nord • Italien Süd • Ital. Adria • Ital. Riviera • Jamaika • Japan • Java/Sumatra • Jemen • Jerusalem • Jordanien • Kalifornien • Kanada • Kanada Ost • Kanada West • Kanalinseln • Karibik I • Karibik II • Kärnten • Kenia • Köln • Königsberg/Ostpreußen Nord • Kopenhagen • Korsika • Kos • Kreta • Krim/Schwarzmeerküste • Kuba • Languedoc-Roussillon • Lanzarote • La Palma • Leipzig • Libanon • Lissabon • Lofoten • Loire-Tal • London • Lüneburger Heide • Luxemburg • Macau • Madagaskar • Madeira • Madrid • Mailand/Lombardei • Malaysia • Malediven • Mallorca • Malta • Mark Brandenburg • Marokko • Masurische Seen • Mauritius • Mecklenburger Seenplatte • Menorca • Mexiko • Mosel • Moskau • München • Namibia • Nepal • Neuseeland • New York • Nordseeküste: Schleswig-Holstein • Normandie • Norwegen • Oberbayern • Oberitalienische Seen • Oberschwaben • Österreich • Ostfriesische Inseln • Ostseeküste: Mecklenburg-Vorpommern • Ostseeküste: Schleswig-Holstein • Paris • Peking • Peloponnes • Pfalz • Philippinen • Piemont/Turin • Polen • Portugal • Potsdam • Prag • Provence • Rhodos • Riesengebirge • Rocky Mountains • Rom • Rügen • Rumänien • Rußland • Salzburg/Salzkammergut • Samos • San Francisco • Sardinien • Schottland • Schwarzwald • Schweden • Schweiz • Seychellen • Singapur • Sizilien • Slowakei • Spanien • Spreewald/Lausitz • Sri Lanka • Steiermark • Sankt Petersburg • Südafrika • Südamerika • Südengland • Südkorea • Südsee • Südtirol • Sylt • Syrien • Taiwan • Teneriffa • Tessin • Thailand • Thüringen • Tirol • Tokio • Toskana • Tschechien • Tunesien • Türkei • Türkische Mittelmeerküste • Umbrien • Ungarn • USA • USA: Neuengland • USA Ost • USA Südstaaten • USA Südwest • USA West • Usedom • Venedig • Venezuela • Vietnam • Wales • Die Wartburg/Eisenach und Umgebung • Weimar • Wien • Zürich • Zypern • Die besten Weine in Deutschland • Die 30 tollsten Ziele in Europa • Die tollsten Hotels in Deutschland • Die tollsten Musicals in Deutschland • Die tollsten Restaurants in Deutschland

Die Marco Polo Redaktion freut sich, wenn Sie ihr schreiben: Marco Polo Redaktion, Mairs Geographischer Verlag, Postfach 31 51, D-73751 Ostfildern

---

Unsere Autoren haben nach bestem Wissen recherchiert. Trotzdem schleichen sich manchmal Fehler ein, für die der Verlag keine Haftung übernehmen kann.

Titelbild: Makartsteg und Salzach, dahinter Dom und Festung (Transglobe/Allgöwer)

*Fotos: Jung (18); Kallabis (46); Lade: Geiersperger (92), Morell (69), Wagner (87);
Mauritius: Geiersperger (45), Gierth (59), Grimm (97), Weinhäupl (Anreise, 12, 79); Santor (8, 80);
Schapowalow: Huber (88), Kirsch (4, 7, 66), Pratt-Pries (70), Wagner (74);
Schuster: Ikeda (37), Karot (42), Mallaun (60), Mayrhofer (24), Waldkirch (20, 32, 51);
Steffens: Geiersperger (40, 54), Janicek (28), Storto (14, 27)*

4., aktualisierte Auflage 1998
© Mairs Geographischer Verlag, Ostfildern
Lektorat: Heinz Vrchota
Gestaltung: Thienhaus/Wippermann (Büro Hamburg)

Das Werk einschließlich aller seiner Teile ist urheberrechtlich geschützt. Jede urheberrechtsrelevante Verwertung ist ohne Zustimmung des Verlages unzulässig und strafbar. Das gilt insbesondere für Vervielfältigungen, Übersetzungen, Nachahmungen, Mikroverfilmungen und die Einspeicherung und Verarbeitung in elektronischen Systemen.

Printed in Germany
Gedruckt auf 100% chlorfrei gebleichtem Papier

AUFTAKT

Wie frisch geputzt: die Antoniuskapelle in Au, das Grün im Salzburger Land

chen Klimabereichen höchst differenziert, ebenso der Bestand an wildlebenden Tieren. Es wird angenommen, daß es in Salzburg rund 20 000 Tierarten gibt. Bei weitem nicht alle sind ausreichend erforscht.

Die meisten Orte im Land haben mit Strukturproblemen zu kämpfen; deren historische Kerne sind dem Verkehr nicht mehr gewachsen, und an den Rändern fransen die Ansiedlungen oft in unorganischer Form aus. Große stilistische Unsicherheiten kommen hinzu. Historische Bauformen werden häufig in wenig geschickter Weise nachgeahmt, nicht selten sogar völlig inadäquat auf große Hotelbauten angewandt. Allerdings ist die Sensibilität für Fragen der Architektur in jüngerer Zeit stark gestiegen.

In einer Untersuchung des Bonner Wirtschaftsforschungsinstituts Empirica aus dem Jahr 1993 über die attraktivsten Investitionsstandorte Westeuropas nimmt das Bundesland Salzburg auf einer Tabelle von 267 Regionen den fünften Platz ein. Als besondere Vorteile werden die verkehrsgünstige Lage, das große Potential an qualifizierten Arbeitskräften und, hoch bewertet, die Lebensqualität genannt. Etwa ein Drittel der Bevölkerung wohnt in der Landeshauptstadt. Das sind rund 144 000 Menschen. Städte mittlerer Größe fehlen gänzlich, nur Hallein mit 17 300 Einwohnern kommt diesem Typ nahe. Größere Orte sind ferner die Stadt Zell am See sowie Bischofshofen und Saalfelden.

Die hohen Gebirgsketten im Süden von Salzburg, die Niederen und die Hohen Tauern, bildeten von jeher nur sehr schwer zu überwindende Barrieren. Dennoch hatte sich bereits zur Zeit der Kelten und Römer und insbesondere im Mittelalter ein reger Nord-Süd-Handel entwickelt. Die Waren wurden mit Saumtieren befördert, die auf dem Weg nach Süden mit Salz und zurück in den Norden mit Wein, Gewürzen und anderen orientalischen Köstlichkeiten beladen waren. Seit Errichtung einer Eisenbahnlinie im 19. Jahrhundert ist alles einfacher geworden, und um ein Vielfaches bequemer ist der Weg in den Süden, seit die Tauernautobahn existiert. Diese europäische Transitstrecke zieht allerdings so viel Verkehr an, daß für die Anrainer nicht geringe Probleme entstehen. Immerhin konnte neben anderen Vereinbarungen erreicht werden, daß nur mehr lärmarme Lkws neuerer Bauart passieren dürfen.

Einen Eindruck davon, welch ein massives Hindernis sich früher dem Reisenden in Gestalt der Hohen Tauern in den Weg stellte, gewinnt jeder, der die Großglockner Hochalpenstraße benützt. Die Strecke führt von Bruck über Ferleiten und das Fuscher Törl zum Hochtor und erreicht dort in einem Tunnel die Höhe von 2506 m. Der erste Zielort auf der anderen Seite in Kärnten ist Heiligenblut. Diese Fahrt vom grünen Tal bis in Gletscherregionen beeindruckt jeden, der sich ein Sensorium für Naturphänomene bewahrt hat. Weniger spektakulär ist die Felbertauernstraße von Mittersill in Salzburg nach Lienz in Osttirol. Auch sie ist eine beliebte, nach Italien weiterführende Reiseroute. Parallel zu ihr verläuft übrigens – selbstverständlich un-

Die Tauernautobahn hat den Weg nach Süden sehr erleichtert

AUFTAKT

terirdisch – die transalpine Ölleitung vom Triester Hafen nach Ingolstadt. Insgesamt umfaßt das Land Salzburg etwas über acht Prozent des österreichischen Staatsgebiets.

Auf noch engerem Raum weist auch das Salzkammergut mit dem Dachsteinmassiv im Süden bis zu den Ausläufern ins flache Voralpengebiet Vielfalt auf.

Die historische Gliederung des Landes Salzburg in Gaue rechtfertigt sich nicht allein aus verwaltungstechnischen Gründen. Mehr oder weniger deutliche Unterschiede sind sowohl in der landschaftlichen Physiognomie als auch auf allen Ebenen des gesellschaftlichen Lebens festzustellen. Das Salz und die weitreichenden Handelsverbindungen sorgten von jeher für eine gewisse Weltläufigkeit der Bewohner; aber in der Abgeschiedenheit vieler Täler haben sich bis heute unverwechselbare Eigenheiten erhalten, die sich in Dialekten, in der Tracht und im Brauchtum äußern. Der Lungau etwa, im Südosten zwischen den Hohen und den Niederen Tauern, war, solange es die Tauernautobahn nicht gab, nur unzulänglich erschlossen und hat in seinen Häuser- und Sprachformen durchaus mehr mit dem benachbarten Kärnten als mit dem übrigen Salzburg zu tun.

Die Salzach, der Hauptfluß des Landes (226 km lang), fließt durch den Pinzgau. Der Gletscher schürfte den Talboden viel tiefer aus als die vielen Seitentäler, so daß es an der Schnittstelle zu beträchtlichen Höhenunterschieden kam. Dort stürzen jetzt die Bäche, *Achen* genannt, aus den Seitentälern in imposanten Wasserfällen in die Tiefe. An der Mündung der Achen in die Salzach bildeten sich im Lauf der Zeit markante Schwemmkegel. Auf ihnen sind häufig Dörfer entstanden. Der erwähnte Steilabfall der Achen ins Salzachtal machte die verkehrstechnische Erschließung der Hochtäler nicht einfach. Die Straße muß sich jeweils in mehr oder weniger gewagten Serpentinen das steil abfallende Terrain hinaufwinden, bevor das überraschend breite und relativ flache Hochtal erreicht wird.

Die Wege ins Gasteiner- und Raurisertal sind dafür klassische Beispiele. Diese beiden Täler repräsentieren im übrigen Salzburger Besonderheiten: Im Gasteinertal entwickelte sich schon sehr früh neben dem Bergbau aufgrund der Thermalquellen ein florierender Fremdenverkehr. Und Bad Gastein wurde Ende des vorigen Jahrhunderts mit seiner städtischen Hotelarchitektur zu einem Anziehungspunkt für die mondäne Welt. Inzwischen haben sich auch Hof- und Dorfgastein zu bedeutenden Kurorten entwickelt. Die Region lebt aber nicht nur vom guten Ruf ihrer Heilbäder, sie nimmt auch im Wintersport einen führenden Rang ein. Das Raurisertal, heute trotz zum Teil dichter Bebauung noch immer wegen seiner landschaftlichen Schönheit und wegen der guten Voraussetzungen zum Sport außerordentlich beliebt, war wegen des Goldbergbaus schon im Mittelalter und in der frühen Neuzeit weithin berühmt. Das Goldwaschen ist heutzutage ein Freizeitspaß der Feriengäste. Eine Wiederbelebung des gewerbsmäßigen

Goldbergbaus in unseren Tagen ist wohl immer wieder überlegt worden, ist aber an der Rentabilitätsfrage bisher gescheitert. Ein – allerdings geschlossener – Bergbautunnel verbindet das Rauriser- mit dem benachbarten Gasteinertal.

Im Pongau wendet sich die Salzach nach Norden und durchbricht in einem eindrucksvollen Einschnitt zwischen Tennen- und Hagengebirge die letzte Barriere, bevor sie flacheres Terrain erreicht. Hier ist eine markante Wetterscheide. Mehr noch: Die Landschaft südlich dieser Trennlinie wird »inner Gebirg«, jene im Norden »außer Gebirg« genannt. Damit sind auch zwei Lebensweisen unterschieden. Im schwierigen gebirgigen Gelände war der Alltag viel karger und nur mit viel Anstrengung zu bestehen. Einfacher war es im Flachland. Und bis zum heutigen Tag werden die *Stadtinger,* die Stadtbewohner, als etwas Eigenes, als überheblich und – wenn sie sich auf das Land begeben – als ein wenig unbeholfen eingeschätzt.

Wo die Salzach die Stadt Salzburg erreicht, sind die sie begleitenden Gebirgszüge schon weit zurückgetreten, aber doch noch gut sichtbar. Das macht den Reiz von Salzburg aus, daß die Stadt, nicht nur an einem verkehrstechnisch wichtigen Schnittpunkt zwischen Nord und Süd, zwischen Ost und West, sondern auch am Übergang zwischen den Alpen und dem Alpenvorland liegt. Die von der Festung Hohensalzburg bekrönte Stadt hat daher eine unverwechselbare Silhouette, zumal die Altstadt mit ihren engen Gassen ihren historischen Bestand einigermaßen bewahrt hat.

Nach wie vor genießt Salzburg in der Reihe der österreichischen Bundesländer eine gewisse Sonderstellung, denn das Land fiel erst sehr spät, 1816, an Österreich. Zuvor war es jahrhundertelang ein selbständiges politisches Gefüge innerhalb des Heiligen Römischen Reiches Deutscher Nation gewesen. Salzburg ist im Lauf dieser Jahrhunderte zu einer repräsentativen Residenz ausgebaut worden. Ein deutlicher Zentralismus hatte zur Folge, daß im Land Salzburg viel weniger Burgen und Schlösser entstanden als in den anderen österreichischen Ländern. Die Festung Hohensalzburg jedoch, die den geistlichen Fürsten als Hort der Macht und als Zufluchtsort in Zeiten des Aufruhrs gedient hatte, prägt signifikant das Bild der Stadt.

Daß Wolfgang Amadeus Mozart (1756–1791) in Salzburg geboren wurde, regte schon im 19. Jahrhundert zu Musikfesten zu seinem Andenken an, die 1917 zur Gründung der Salzburger Festspiele führten. Durch die Mitwirkung international bedeutender Künstler wie Max Reinhardt, Arturo Toscanini, Wilhelm Furtwängler und des aus Salzburg stammenden Herbert von Karajan brachten sie der Stadt und dem Land weltweites Renommee. Seit 1956 gibt es jeweils im Januar um Mozarts Geburtstag mit Opernaufführungen und Konzerten die »Salzburger Mozartwoche«. 1967 gründete Karajan die ebenfalls Opern und Konzerte umfassenden Osterfestspiele und später die Pfingstkonzerte. Wohl waren beide Einrichtungen stark auf seine

AUFTAKT

Geschichtstabelle

4000–1800 v. Chr.
Salzgewinnung in der Jüngeren Steinzeit auf dem Dürrnberg bei Hallein

1800–1000 v. Chr.
Kupferbergbau am Mitterberg bei Bischofshofen

450–16 v. Chr.
Das Gebiet Salzburg und das Salzkammergut sind Teil des Keltenreichs Noricum

16 v. Chr.
Noricum wird römische Provinz; Juvavum (Salzburg) ist Munizipalstadt

696
Ankunft des späteren Landesheiligen Rupert in Salzburg

798
Salzburg wird Erzbistum

1287
Erstes Stadtrecht von Salzburg

1525/26
Bauernkriege, Belagerung der Festung Hohensalzburg

1623
Errichtung der Salzburger Universität

1732
Vertreibung von 22 000 Protestanten aus dem Land Salzburg. Ziele der Ausgewiesenen sind u. a. Ostpreußen, Hannover und Georgia in den USA

1756
Geburt Wolfgang Amadeus Mozarts

1803
Säkularisation des Erzstifts, bis 1805 Kurfürstentum Salzburg

1806
Erster Anschluß an Österreich, Ende der Selbständigkeit

1810
Regierungsübernahme durch Bayern, Aufhebung der Universität

1816
Salzburg kommt endgültig an Österreich

1850
Salzburg wird österreichisches Kronland

1917
Gründung der Salzburger Festspielgemeinde

1920
Salzburg tritt dem Bundesstaat Österreich bei, erste Festspiele mit der Aufführung des »Jedermann« von Hofmannsthal

1935
Bau der Glocknerstraße

1938
Anschluß an das Deutsche Reich

1944/45
19 Bombenangriffe auf die Stadt Salzburg

1945–1955
Unter amerikanischer Besatzung

1967 .
Gründung der Osterfestspiele

Persönlichkeit ausgerichtet, können sich aber weiterhin – künstlerischer Leiter ist inzwischen der Dirigent Claudio Abbado – sehr gut behaupten. Auch das vor der Festspielzeit im Sommer stattfindende, vor allem ein jüngeres Publikum ansprechende Avantgarde-Festival »Szene« hat überregionale Ausstrahlung. Und in der Vorweihnachtszeit zieht das »Salzburger Adventsingen« ein großes Publikum an.

Inzwischen ist der Salzburger Kulturkalender außerordentlich dicht. Neben Musik und Theater hat – vor allem durch die Anstrengung privater Galerien – auch die Bedeutung der bildenden Kunst erheblich zugenommen. Salzburg hat nicht allein den Ehrgeiz, Mozartstadt zu sein, es ist auch Universitäts-, Kongreß-, Kurstadt und wird sich mehr und mehr der Tatsache bewußt, wie zur Zeit des Mittelalters, als die Missionierung Südosteuropas von hier ausging, eine europäische Stadt zu sein, ein Forum, auf dem sich insbesondere während des Sommers Entscheidungsträger aus Politik, Wirtschaft und Kultur in ungezwungener Atmosphäre begegnen.

Doch haben sich auch außerhalb von Salzburg größere und kleinere Festivals etabliert: So die »Bad Ischler Operettenwochen«, der »Attergauer Kultursommer« und die »Musiktage Mondsee«; die »Rauriser Literaturtage« sind, jeweils im Frühjahr, ein Treffpunkt für Autoren und Interessierte aus dem ganzen deutschsprachigen Raum. Das Mysterienspiel »Jedermann« wird nicht nur bei den Festspielen, sondern in einer Dialekt-

Bad Ischl – ein Anziehungspunkt seit dem 19. Jahrhundert. Hier das Kurhaus

AUFTAKT

fassung im Sommer auch von Laiengruppen in Mondsee, Faistenau und Grödig aufgeführt.

Nördlich von Salzburg liegt an der Salzach eine Reihe von Orten mit charakteristischem Aussehen: Die dem langgezogenen Hauptplatz zugewandten bunten Hausfassaden dieser Inn- und Salzachstädte ergeben ein farbenfrohes Bild. Einer dieser Salzachorte ist Oberndorf, wo 1816 in der Pfarrkirche zum ersten Mal das von dem Hilfspriester Joseph Mohr und dem Musiker Franz Xaver Gruber komponierte, inzwischen weltweit populäre Weihnachtslied »Stille Nacht, heilige Nacht« erklang. An der Stelle der abgebrannten Kirche steht jetzt eine 1937 errichtete Stille-Nacht-Gedächtniskapelle.

Der Übergang zu Oberösterreich ist im übrigen höchstens an der unterschiedlichen Straßenqualität abzulesen. Das benachbarte oberösterreichische Innviertel orientiert sich übrigens mehr an Salzburg als an seiner Landeshauptstadt Linz.

Vieles, was für Salzburg gilt, trifft in konzentrierter Form auf das Salzkammergut zu, dessen Hauptort Bad Ischl ist. Orte mit der Silbe »Hall-« in ihrem Namen haben und hatten mit Salz zu tun: etwa Hallein in Salzburg oder Hallstatt im Salzkammergut. Der letztgenannte Ort gab sogar einer Epoche der Menschheitsgeschichte die Bezeichnung »Hallstattzeit«. War das Gebiet früher als »Kammergut« aus wirtschaftlichen Gründen (Salz!) direkt dem Herrscherhaus unterstellt, entwickelte es sich seit dem 19. Jahrhundert zur überaus attraktiven Fremdenverkehrsregion. Zunächst war es für die Habsburger, Wittelsbacher und Hohenzollern ein beliebtes Jagdrevier. Dann kam der gute Ruf der Solebäder hinzu. Insbesondere jener von Bad Ischl zog adelige Gäste an. Und als Kaiser Franz Joseph Ischl zu seinem dauernden Sommersitz erkor, taten es ihm viele Adelige, Großbürger und Künstler aus Wien gleich. Für diese Familien war es üblich, mit dem gesamten Hausrat anzureisen und etliche Monate des Jahres im Salzkammergut zu verbringen. Repräsentative Sommervillen in der ganzen Region zeugen noch heute von diesem großzügigen Lebensstil. Die Operette »Im Weißen Rössl am Wolfgangsee« von Ralph Benatzky, in der zuletzt auch der alte Kaiser vorkommt, bewahrt in verklärter Form die Erinnerung an diese Zeit. Die Aura dieser Vergangenheit spielt für die Attraktivität des Salzkammerguts auch heute noch eine große Rolle. So ist es etwa ein beliebtes Unterfangen, den Spuren der Habsburger zu folgen. Dabei ist es nicht mit der Besichtigung der Kaiservilla in Ischl getan, wo 50 000 von Franz Josephs Jagdtrophäen dicht an dicht an den Wänden hängen. Neben den Solekuren sind vor allem auch die vielen Bademöglichkeiten an den großen und kleinen Seen, das vielfältige Angebot an Wander- und Bergtouren für bescheidene und höchste Ansprüche ein wichtiger Grund, ins Salzkammergut zu kommen. Außerdem zieht das Gebiet des Dachsteins – er ist mit 2995 m die höchste Erhebung der Region – und des Toten Gebirges viele Wagemutige zum Erwandern und Erforschen der zahlreichen Höhlen an.

STICHWORTE

Bergputzer, Durchhäuser und der Mann im Salz

Einige Hinweise zum Verständnis regionaler Eigenheiten

Almkanal
Um die Stadt Salzburg im Mittelalter mit Wasser zu versorgen, wurden eindrucksvolle technische Anstrengungen unternommen. Schon Ende des 13. Jhs. ließen die damaligen Stadtplaner ein offenes Kanalsystem vom Abfluß des Königssees nach Salzburg bauen. Die vom Südwesten kommende Alm verschwindet unter dem Mönchs- und Festungsberg und fließt in mehreren Armen unterirdisch durch die Altstadt. Hier diente das Wasser zum Antrieb von Mühlen und als Energieträger für andere Betriebe. Bis 1966 wurde die Mühle des Stifts St. Peter so betrieben. Auch der Residenzbrunnen bezog so bis 1962 sein Wasser. Die Klimaanlage des Festspielhauses nutzt heute noch das Wasser aus dem Almkanal. Ein Brunnen auf dem Universitätsplatz gibt den Blick hinunter in einen der Kanäle frei. Auf dem Höhepunkt des Ausbaus 1875 gab es ein Netz von 19 Wasserleitungen mit 80 Ausläufen. Der 1136 angelegte, 370 m lange Hauptstollen kann, wenn die Alm abgesperrt wird, begangen werden.

Bergputzer
Bei einem Bergsturz 1669 in der Stadt Salzburg kamen über 200 Menschen ums Leben. Große Teile des Felsens hatten sich, gesprengt durch den Frost, gelöst. Seit damals gibt es die »Bergputzer«, die einmal im Jahr die Felswände der Stadtberge von lockerem Gestein reinigen. Dazu hat sich so etwas wie ein Ritual herausgebildet. Die Bergputzer werden, an starken Seilen hängend, auf kleinen Brettchen reitend und durch einen Ledergurt gesichert, von drei Männern, den »Ablassern«, in die Tiefe gelassen. Jeder »Abfahrer« gibt durch lauten Zuruf zu verstehen, wann sein »Ablasser« das Seil zu lockern oder festzuhalten hat. Manche Stellen an der Felswand machen mehr Arbeit und erfordern längeren Aufenthalt. Ein oben knapp an der Felswand ste-

Historisch – Ausseer Trachten

hender »Horcher« vermittelt die Zurufe den weiter hinten postierten »Ablassern«.

Durchhäuser

Durchhäuser sind eine Spezialität der Salzburger Altstadt. Von der Getreidegasse aus führen links und rechts Durchgänge zum nächsten Straßenzug. Sie durchqueren einen oder zwei Innenhöfe, in denen sich bürgerlicher Wohlstand darstellte. Umlaufende blumengeschmückte Arkaden, Marmorportale, in solider Steinmetzarbeit ausgeführte Stiegenaufgänge und anderes mehr sollte hier im gleichsam Verborgenen ausdrücken, daß die Bürger auf ihre Weise sich imstande fühlten, mit dem Prunk, den die Herrscher in der Stadt entfalteten, mithalten zu können. Heute werden diese Durchhäuser vor allem geschäftlich genutzt.

Gamsbart

Diese Hutzierde ist eine alpenländische Besonderheit und gilt vor allem als Standessymbol der Jäger. In Bad Goisern im Salzkammergut findet alle vier Jahre an einem Wochenende im August die »Gamsbart-Olympiade« statt, bei der die prächtigsten Gams- und Hirschbärte gekürt werden. Es wird diskutiert und getauscht. Es gibt die Größenkategorien bis 16 cm, von 16 bis 19 cm und über 19 cm ab Bund. Den bis heute unübertroffenen Weltrekord hat Kaiser Franz Joseph mit 24 cm inne. Bewertet werden Haarlänge, Büscheldichte, Farbe und Binderarbeit. Das Siegerexemplar kann bis zu 10 000 Mark wert sein. 10 000 Haare werden einzeln sortiert und zu 120 Büscheln gebunden. Der Bock, von dem die Haare stammen, wird zur Brunftzeit geschossen, wenn die Haare am längsten sind. Kenner können angeblich von den Haaren schließen, ob die Böcke aus Salzburg, Bayern, Oberösterreich oder der Steiermark stammen.

Kaffeehäuser

Es stimmt schon, daß gediegene Kaffeehäuser vor allem eine Wiener Spezialität sind, 1683, als die Türken unter Zurücklassung vieler Kaffeesäcke die Belagerung der Stadt aufgeben mußten. In Salzburg aber, das ungefähr in der Mitte zwischen Wien und München liegt, findet man gemütliche Biergärten und auch auf andere Art gemütliche Kaffeehäuser. Einige davon müssen wegen ihres Alters und wegen der vorzüglichen Art, in der sie die Kaffeehauskultur hochhalten, genannt werden: das *Tomaselli*, in dem schon Mozart gerne einkehrte, und das *Bazar*, das von jeher ein beliebter Treffpunkt der Festspielkünstler ist. Da sind versierte Ober am Werk, genügend Zeitungen liegen aus, und die Atmosphäre kann guten Gewissens als »wohnlich« bezeichnet werden. Eine Institution von überregionaler Ausstrahlung ist die 1830 gegründete Konditorei *Zauner* in Bad Ischl. Nicht allein die »Zauner-Kipferln« sind von großer Attraktion. Im Zauner, diesem Schlaraffenland des süßen Überflusses, muß man gewesen sein.

Mann im Salz

Im Jahr 1573 wurde in einem Stollen des Salzbergwerks am Dürrnberg bei Hallein der Körper eines Bergmanns ausgegra-

STICHWORTE

ben, der in vorchristlicher Zeit bei einem Grubenunglück ums Leben gekommen war. Der hohe Salzgehalt des Gesteins hatte den Körper einschließlich der Kleidungsstücke vollständig konserviert. 1616 fand man nochmals einen solchen »Mann im Salz«. Beide Funde wurden zur Schau gestellt und erregten große Aufmerksamkeit. Auch heute noch kann man in einem Schaubergwerk auf dem Dürrnberg ehemalige Stollen aus der Keltenzeit finden. Wichtige Funde vom Dürrnberg werden im Halleiner Keltenmuseum aufbewahrt.

Salzachöfen

Öfen nennt man im Salzburgischen Schluchten und Klammen, in denen sich Bäche und Flüsse durch den harten Fels ihren Weg gebahnt haben. Das Lammertal mündet bei Golling in die Salzach. Flußaufwärts, zwischen Scheffau und Abtenau, tobt die Lammer, ein unverbauter Gebirgsfluß, für ein paar hundert Meter zwischen schroffen Felswänden durch eine eindrucksvolle Schlucht, die sogenannten Lammeröfen. Die Salzachöfen befinden sich an der Stelle, wo die Salzach zwischen Tennen- und Hagengebirge durchbricht. An der Salzach gibt es – wie an der Lammer – eine beliebte Rafting-Strecke. Es werden Raftingfahrten von einem Einstieg zwischen Taxenbach und Lend bis zum ehemaligen Gasthof Maut bei Schwarzach angeboten.

Sauschneider

Sie galten als Spezialisten im Kastrieren von Schweinen und zogen vom Lungau aus in die ganze Monarchie. Eine Adlerflaumfeder am Hut war ihr Kennzeichen. Auf ihren Wegen transportierten sie Nachrichten aus aller Welt. Der Hanswurst, der zu einer berühmten Bühnenfigur geworden ist, war vorher ein Sauschneider aus dem Lungau. Drei Jahre dauerte die Lehrzeit als »Saufänger«, drei weitere Jahre war man Geselle. 1878 gab es 270 Meister. Heute bestehen noch 19 Lizenzen.

Tracht

Beinahe jeder Ort im Land Salzburg und im Salzkammergut hat seine eigene Tracht. Sie wird insbesondere zu festlichen Anlässen getragen. Das Bewußtsein dafür ist in jüngster Zeit stärker geworden, nachdem der Traditionszusammenhang zu Beginn des Jahrhunderts fast verlorengegangen schien. Volkskundler machten sich an die Rekonstruktion. Die oft leidenschaftlich geführten Debatten darüber, ob die einzelnen Details auch stimmen, hält bis heute an. Der Aufwand für eine Tracht beträgt mindestens rund 4000 Mark, und da ist der Trachtenschmuck wie etwa die Kropfkette noch nicht eingerechnet. Zur Zeit ist eine neue Renaissancewelle für Trachten festzustellen. Es gibt Puristen, die nichts gelten lassen außer den überlieferten Formen der Tracht. Sie wenden sich strikt gegen jede Art der Kommerzialisierung und modischen Weiterentwicklung. Die Mode hat sich aber gerade in jüngerer Zeit vieler Trachtenmotive bemächtigt. Sie geht damit locker und zum Teil auch phantasiereich um. Diese Art von Trachtenmode bleibt dann nicht auf bestimmte Regionen beschränkt.

EINKAUFEN & SOUVENIRS

Trachtenmoden und Mozartkugeln?

Wenig Chancen für ein Schnäppchen – besser die Aussichten, Unverwechselbares erwerben zu können

Antiquitäten
Der Bauernschrank, das Spinnrad und anderes Gerät haben ihren Preis. Die führenden Antiquitätenhändler präsentieren ihr Angebot auf der Salzburger Kunst- und Antiquitätenmesse, jeweils vor Ostern, in der ehemals erzbischöflichen Residenz von Salzburg.

Bauernmärkte
❂ In jedem größeren Ort gibt es an einem Wochentag einen Markt. In Salzburg wird jeden Donnerstag auf dem Mirabellplatz die *Schranne* abgehalten, ein großer Markt mit Schwerpunkt auf Gemüse, Obst und Geflügel. Der Grünmarkt findet täglich auf dem Universitätsplatz statt.

Gewürzsträußchen
Die unverwelkbaren Sträußchen, gebunden aus Gewürzen, sind eine Salzburger Spezialität.

Glas
Originelle Formen entwickelt die Halleiner Glashütte. Sie hat sich keineswegs nur der Tradition verschrieben. Auch die Glasschleiferei Fritz Kreiß in Salzburg *(Sigmund-Haffner-Gasse 14)* ist eine ideenreiche Produktionsstätte.

Gmundner Keramik
Die Gmundner Keramik gibt es seit 1492. Zwei Dekors haben sich durchgesetzt: Das *Grüngeflammte* zeigt sattgrüne, quer verlaufende Streifen auf weißem oder elfenbeinernem Grund. Daneben entstand auch bemalte Ware, die *Gmundner Fayence*. Beides wird weltweit vertrieben.

Hüte
Einer der letzten seiner Branche ist der Hutmacher Zapf in Werfen *(Marktstr. 13, Tel. 06468/2270)*. Kreativ ist die auf Damenhüte spezialisierte Hutmacherin Hanna Pohl in Salzburg *(Universitätsplatz 11, Tel. 0662/841648)*.

Mozartkugeln
Die Praline, die es zu einer Art Salzburger Symbol gebracht hat und schachtelweise in alle Welt verschickt wird, ist 1890 von einem Salzburger Konditor erfunden worden. Die klassische Mozartkugel hat einen Kern aus Pistazienmarzipan, der mit feinem Nougat umhüllt wird.

Eleganz im Puppenantiquariat

ESSEN & TRINKEN

Von Hasenöhrln, Hochzeitskoch und Salzburger Nockerln

*Die regionale Küche gewinnt an Ansehen,
ob in deftig-ursprünglicher oder in der verfeinerten Form
von Spitzenrestaurants*

Es stimmt meist nicht, daß Urlaubsgäste allein das essen wollen, was sie von zu Hause gewöhnt sind. Nur wenige Wirte glauben, sich anpassen zu müssen, und sagen statt *Topfen* Quark oder statt *Schlagobers* Sahne. Es stimmt auch nicht, daß die Phantasie der Köche beim Wiener Schnitzel, dem Rostbraten und dem Kaiserschmarren endet. In vielen Gasthäusern hat man sich auf einheimische Spezialitäten besonnen und serviert Kaspreßknödelsuppe, Krautstrudel oder Fleischkrapfen.

Es soll nicht verhehlt werden, daß die bodenständige Küche besonders deftig ist. Inzwischen haben auch Spitzenköche der Nobelrestaurants Anregungen aus der regionalen Küche aufgegriffen. Sie machen daraus Kreationen, die den leichteren Eßgewohnheiten unserer Tage entgegenkommen.

Der Kaiserschmarren hat seinen Ursprung übrigens im Salzkammergut. Kaiser Franz Joseph I. hat auf seinen Jagdausflügen von Bad Ischl aus die Holzfäller beobachtet und im leutseligen Umgang mit ihnen einige von deren Speisen hoffähig gemacht. Schmarren sind offen in der Pfanne zubereitete Speisen, bei denen meist Milch, Mehl und Butter die Grundlage bilden.

Der Mehl-, Grieß- oder Erdäpfelschmarren wird gelegentlich auch mit Früchten verbunden. Das Ergebnis ist der Apfel-, Kirschen-, Heidelbeer-, Birnen und Zwetschgenschmarren. Die Besonderheit des Kaiserschmarren, zubereitet aus Eiern, Staubzucker, Mehl, Rosinen und Butter, ist es, daß er mit *Zwetschgenröster* serviert wird.

Natürlich gibt's auch noch anderes als Mozartkugeln in diesem Delikatessengeschäft in der Getreidegasse von Salzburg

Sehr beliebt sind im Salzkammergut und im Salzburger Land *Hasenöhrln* oder *Polsterzipfln,* in Rinds- oder Schweineschmalz gebackene, messerrückendick ausgewalkte Teigdrei- oder -vierecke, die beim Herausbacken hoch aufgehen und innen hohl bleiben. Sie werden gezuckert und mit *Apfelmandl* (Apfelmus), *Zwetschgen*- oder *Hollerröster* gegessen.

Die Liste der leckeren Mehlspeisen ließe sich noch mit dem Bad Goiserer *Hochzeitskoch,* mit gebackenen *Apfelradln, Apfelschlangln,* Brösel- und Nußnudeln fortsetzen, doch lohnt es sich auch, die diversen Fleischgerichte zu kosten. Der *Reindlbraten* ist zu empfehlen, bei dem die rohen Erdäpfel gleich mitgebraten werden. Kaiser Franz Joseph soll auch eine Vorliebe für das *Geselchte* mit Grießknödeln und Sauerkraut gehabt haben. Die beim Kochen des Geselchten (so nennt sich das geräucherte Schweinefleisch) entstehende Selchsuppe wird mit einem Grießknödel als Einlage vorneweg gegessen.

Ein im Salzkammergut beliebtes Gabelfrühstück ist das *Lingerl,* eine säuerlich gewürzte, ausgiebige *Beuschelsuppe,* aus vorgekochter und dann in Stifte geschnittener Schweinslunge und Schweinshaxl, in verfeinerter Form aus Kalbslunge und Kalbsherz. Typisch für die Region ist ferner das *Katzeng'schroa,* ein delikates Ragout von zu gleichen Teilen kleinwürfelig geschnittenem Kalb-, Rind- und Schweinefleisch.

Eine köstliche Beilage zu verschiedenen Fleischspeisen ist der *Specksalat,* ein mit knusprig gebratenen Speckwürfelchen »abgebrannter« Kopfsalat, der erst danach mit Essig, der in der Speckpfanne heiß gemacht und mit Zucker und Salz abgeschmeckt wurde, übergossen wird. Die *Gmundener Kirchtagssuppe* ist eine auf Wildfleisch basierende pikante Cremesuppe, die mit Markknöderln als Einlage serviert wird. Das *Mostbratl* ist ein mit Selchspeckscheiben belegter Schopfbraten, der in ein Schweinsnetz eingeschlagen und unter wiederholtem Most- und Bratensaft-Aufgießen gebraten wird. Dazu gibt es Erdäpfel- oder Semmelknödel.

Ein Rezept für die berühmten *Salzburger Nockerln* des erzbischöflichen Küchenchefs von 1719 lautet: »5 Eiweiß werden mit 3 EL Staubzucker geschlagen, bis sie steif sind. Dazu füge man 3 Eigelb, ein TL Weißmehl und etwas geriebene Zitronenschale. In einem feuerfesten Geschirr werden 3 EL Butter, 1 EL Staubzucker und 2 EL Milch erhitzt. Aus der Masse werden mit dem Löffel 4 Nockerln gestochen und in das Geschirr gegeben. Im heißen Ofen backen, bis sie goldbraun sind.«

Weder in Salzburg noch im Salzkammergut wächst Wein, was aber bloß heißt, daß man auf Zulieferer angewiesen ist, und keineswegs, daß die Einheimischen dieses Getränk verschmähen. Jedes bessere Restaurant bietet eine Auswahl österreichischer und ausländischer Spitzenweine. Beim Bier ist die Marken-, aber auch Sortenvielfalt aus heimischer Produktion groß. Beliebt ist auch aus Äpfeln oder Birnen gewonnener Most oder Süßmost.

SALZBURG-KALENDER

Mozart-Opern und Schönperchten

Jedermann stirbt nicht nur vor dem Salzburger Dom

Die Salzburger Festspiele scheinen zwar durchaus alle anderen festlichen Unternehmungen in der Region in den Schatten zu stellen. Sie sind aber bei weitem nicht die einzige Einrichtung, um sowohl den Einheimischen als auch den Gästen eindrucksvolle Erlebnisse jenseits des Alltags zu bieten.

Neben den Festivals sind es die vielen bis in archaische Zeiten zurückreichenden Formen des Brauchtums, die den Jahresablauf strukturieren. Musik und oft bizarre Verkleidung spielen dabei eine große Rolle.

FEIERTAGE

1. Januar: *Neujahr*
6. Januar: *Fest der Heiligen Drei Könige*
Ostersonntag und Ostermontag
1. Mai: *Tag der Arbeit*
Christi Himmelfahrt
Pfingstsonntag und Pfingstmontag
Fronleichnam
15. August: *Mariä Himmelfahrt*
26. Oktober: *Nationalfeiertag*
1. November: *Allerheiligen*
8. Dezember: *Mariä Empfängnis*
25. Dezember: *Christtag*
26. Dezember: *Stephanitag*

FESTIVALS

Bad Ischl (G 14)
Die *Ischler Operettenwochen* in den Monaten *Juli* und *August* umfassen rund 25 Aufführungen und ein Galakonzert. Von den zwei Operetten auf dem Programm ist meist eine von Franz Lehar, der Bad Ischl besonders verbunden war. *Auskunft und Kartenvorverkauf: Operettenbüro, Wiesingerstr. 7, 4820 Bad Ischl, Tel. 0 61 32/2 38 39*

Gmunden (G 13)
Die *Gmundner Festspiele* vom *15. August bis 10. September* sind sehr vielseitig und haben Theater, klassische Musik und Lesungen auf ihrem Programm. Bei Freiluftinszenierungen ist der See mit einbezogen. *Auskunft bei der Kurverwaltung Gmunden, Tel. 0 76 12/43 05*

Mondsee (F 14)
Die *Musiktage Mondsee* in der *1. Septemberwoche* (die beiden Veranstaltungsorte sind das Schloß und die Kirche) sind in erster Linie der Kammermusik gewidmet. Dabei werden jeweils Werke zweier Komponisten gegenübergestellt.

Klaus Maria Brandauer war einer der berühmten Darsteller des »Jedermann«

SALZBURG-KALENDER

Salzburg (E 14)

★ *Ende Juli bis Ende Aug.: Salzburger Festspiele.* Leitung: Gérard Mortier, Hans Landesmann, Helga Rabl-Stadler. Im Zentrum stehen das Werk Mozarts, die Wiener Klassik, aber auch Werke des 20. Jhs. Im Schauspiel sind es Stücke des Welttheaters und Uraufführungen. Eine Konstante seit dem Jahr 1920 ist Hugo von Hofmannsthals »Jedermann« auf dem Domplatz. Spielorte sind das *Große und Kleine Festspielhaus, die Felsenreitschule, das Landestheater, die Pernerinsel in Hallein* u. a. *Kartenbüro der Festspiele: Hofstallgasse 1, Tel. 06 62/8 44 50 10*

Vom *Palmsonntag* bis zum *Dienstag nach Ostern: Salzburger Osterfestspiele.* Leitung Claudio Abbado. Auf dem Programm stehen eine Oper – sie wird in den Spielplan der Sommerfestspiele übernommen – und drei Orchesterkonzerte in zwei Zyklen. Ständiges Orchester sind hier die Berliner Philharmoniker. *Kartenbüro: Herbert-von-Karajan-Platz 9, Tel. 06 62/8 04 53 61*

Zur Zeit von Mozarts Geburtstag am *27. Jan.* findet, veranstaltet von der Internationalen Stiftung Mozarteum, die *Mozartwoche* statt, in deren Mittelpunkt Mozart und seine Zeitgenossen stehen. Mitwirkende sind u. a. die Wiener Philharmoniker. Manchmal wird eine Oper der Sommerfestspiele in die Mozartwoche vorgezogen. *Kartenbüro: Schwarzstraße 26, Tel. 06 62/87 31 54*

★ Die *Szene* in Salzburg bietet in ihrem Haus, *Anton-Neumayr-Platz 2*, ein ganzjähriges Programm, dessen Schwerpunkt das Tanztheater ist. *Juli–Aug.* findet im Szene-Haus und auf der Pernerinsel in Hallein das *Internationale Tanz- und Theaterfestival* statt. *Kartenbüro: Anton-Neumayr-Platz 2, Tel. 06 62/84 34 48 13*

Das ==Fest in Hellbrunn== an zwei Wochenenden *Ende Juli, Anfang Aug.* im Schloß, in den Wasserspielen, im Park und im Steintheater von Hellbrunn südlich von Salzburg setzt sich aus einem vielfältigen Programm zusammen, das Musik, Pantomime,

---

MARCO POLO TIPS FÜR FESTE

1 Salzburger Festspiele
Nach ihrer Reform dienen die Festspiele nicht mehr in erster Linie der Repräsentation, sondern bieten vieldiskutierte Werkinterpretationen (Seite 25)

2 Szene
Das Tanz- und Theaterfestival widmet sich avantgardistischen künstlerischen Ausdrucksformen (Seite 25)

3 ==Ausseer Narzissenfest==
Ein mit unzähligen Blüten geschmückter Korso bewegt sich über den Ausseersee (Seite 27)

4 ==Adventsingen==
Wegen der Eindringlichkeit der volkstümlich-theatralischen Form zieht das Salzburger Adventsingen stets ein großes Publikum an (Scite 27)

Oper, Theater, Reitvorführungen und vieles andere einschließt. Den Abschluß bildet jeweils spät in der Nacht ein spektakuläres Feuerwerk. Ausweichort bei Schlechtwetter ist die Salzburger Residenz. *Auskunft: 5027 Salzburg, Postfach 47, Tel. 06 62/87 87 84*

Das *Salzburger Straßentheater* spielt *Ende Juli, Anfang Aug.* auf Straßen und Plätzen der Stadt jeweils eine zugkräftige kurze Komödie. Der Bühnenwagen samt Aufbau wird von zwei Biergäulen gezogen. Das Straßentheater gastiert in vielen Orten des Salzburger Landes. *Auskunft: Salzburger Kulturvereinigung, Waagplatz 1 a, Tel. 06 62/8 45 34 60*

Schörfling (G 13)

Der *Attergauer Kultursommer* widmet sich in erster Linie der Kammermusik und verschiedenen literarischen Veranstaltungen. Gegründet wurde er von einem Mitglied der Wiener Philharmoniker, und zu den Mitwirkenden zählen vor allem Wiener Künstler, die im Salzkammergut ihr Sommerdomizil haben. *Auskunft: Atterseeverband, 4861 Schörfling, Tel. 0 76 62/85 47*

FESTE UND LOKALE VERANSTALTUNGEN

Januar

✪ Um Dreikönig (6. Jan.) bewegen sich Maskenumzüge durch die Orte im Gasteinertal (**E-F 17**), durch *St. Johann, Bischofshofen* und *Altenmarkt* (**F 16**). Das Besondere der Figuren, der *Perchten,* macht ihr hoher, turmartiger Kopfputz aus. Man unterscheidet *Schönperchten* und *Schiachperchten,* die durch abschreckende Teufelsfratzen und viele Hörner auffallen.

Musiker in Tracht bei einem Fest auf dem Grundlsee

Die *Schnabelperchten* von *Rauris* (**E 17**) und *Gastein* (**E-F 17**) haben tierähnliche Gestalt, andere sind mit Tannenzapfen bedeckt.

Am Vorabend des Dreikönigstags kommen die drei Weisen in *Gmunden* (**G 13**) über den Traunsee angereist und erscheinen auf dem Rathausplatz. Aus den Gassen tauchen unter Glockengeläut weiß gekleidete Gestalten mit großen, gezackten, leuchtenden Gebilden auf dem Kopf auf. Die *Glöckler* bilden Gruppen zu etwa zehn Mann und tragen einen Ledergürtel mit einer Kuhglocke auf dem Rücken.

Von Dreikönig an wird in den Gemeinden um die Stadt Salzburg das *Aperschnalzen* geübt. Mit knallenden Peitschen soll der Winter vertrieben werden. Zwischen den einzelnen Orten und den Nachbardörfern in Bayern werden Wettbewerbe ausgetragen. Um diese Zeit tritt auch die *Habergeiß* auf, ein glückbringendes Ungetüm mit einem Zie-

SALZBURG-KALENDER

genkopf, das nach Mädchen schnappt. Rutenschläge austeilende Figuren mit geschwärzten Gesichtern begleiten sie.

Februar/März
☼ Ausgiebig wird der Fasching in *Bad Aussee* (**G 12**) begangen. Vor etlichen hundert Jahren schon brachten die Salzhändler aus Venedig die prächtigen *Finserlkostüme* mit, Anzüge, auf die unzählige glänzende Silberplättchen genäht sind. Während der vier Tage des Ausseer Faschings sind nicht nur diese Prunkgestalten, sondern auch Gruppen von Jägern, Fischern und »Faschingsbriefträgern« unterwegs, ebenso »Trommelweiber« (verkleidete Männer) und die *Pleß,* häßliche ausgestopfte Figuren.

Mai
Am *1. Mai* wird in vielen Orten ein Maibaum aufgestellt.

Juni
★ ☼ Im *Ausseerland im Salzkammergut* (**G 12**) wird *Anfang Juni* das mehrere Tage dauernde Narzissenfest gefeiert. Es steht dem von Montreux kaum nach. Wie von Blüten überschüttet sind zu dieser Zeit die Bergwiesen, von denen man die unzähligen Blumen holt. Daraus werden die vielen kunstvollen Figuren geformt, die im Korso der Boote vorgeführt werden.

Juli
Der *Jedermann* wird nicht nur zu den Salzburger Festspielen auf dem Domplatz aufgeführt. Eine Dialektfassung wird von Laien in *Mondsee* (**F 14**)*, Faistenau* (**F 14**) und gelegentlich auch in *Grödig* (**E 14**) bei Salzburg gespielt.

August
Die *Piratenschlacht* auf der *Salzach bei Oberndorf* (**E 13**) *Mitte Aug.* ist ein rauher Wettbewerb aus der Zeit der Salztransporte per Schiff von Hallein bis zur Donau. Für einige endet die Schlacht unweigerlich in der kühlen Salzach.

Bei den Lungauer Festen in den Sommermonaten ist die etwa 6 m hohe Figur des »Samson« die größte Attraktion. Mit Musik und Tanz, flankiert von zwei Zwergen, zieht die aus dem Alten Testament stammende Gestalt durch den Ort.

Die bis zu 8 m hohen, mit Blumen umwundenen »Pranstangen« sind eine Spezialität der Lungauer Orte *Zederhaus* (**F 14**) und *Muhr* (**G 17**). Ein Gelübde soll dem Brauch zugrunde liegen: Als Heuschreckenschwärme einmal die ganze Ernte vernichtet hatten, gelobte man, diese geschmückten Stangen alljährlich im Sommer über Wiesen und Felder zu tragen. Das ganze Dorf ist am Umwinden der Stangen beteiligt. Das Tragen ist ein Vorrecht der ledigen Burschen.

September
☼ In vielen Orten findet der *Almabtrieb* statt. Die Tiere, die die Almen verlassen, sind festlich geschmückt.

November/Dezember
★ ☼ In vielen Orten gibt es Adventsingen. In *Salzburg* (**E 14**), im Großen Festspielhaus, ist es besonders theatralisch und mit einer Art volkstümlicher Revue verbunden. Aufführungen sind an jedem Wochenende während der Adventszeit. Alle vier Jahre (nächster Termin 1999) wird in *Bad Ischl* (**G 14**) ein Krippenspiel aufgeführt.

SALZBURG UND FLACHGAU

Mozart, Festspiele, Seen und Moore

Die Architektur, die Musik, die an Seen reiche Landschaft strahlen Harmonie aus

Kann man in den Straßen von Salzburg auch echte Salzburger antreffen? Während der Sommermonate sind sie gewiß in der Minderheit. Der Kontrast zwischen weltstädtischem Gehabe und unverkennbarer Provinzialität ist kennzeichnend für Salzburg. Vor einer Kreuzung kann der Rolls-Royce neben einem Pferdefuhrwerk stehen, auf dem ein Einheimischer im rotkarierten Hemd sitzt. Die Stadt mit ihren 144 000 Einwohnern übt nicht nur auf Touristen große Anziehungskraft aus, es findet auch ein ständiger Zuzug aus allen Teilen Österreichs statt, denn jedes Unternehmen, das Arbeitskräfte anwirbt, führt die besonders hohe Lebensqualität der Stadt ins Treffen.

(**E 14**) Das Stadtbild wird von der Festung Hohensalzburg geprägt, einem außerordentlich gut erhaltenen, feudal ausgestatteten, über 900 Jahre alten Wehrbau. ❂ Von der Festung aus läßt sich gut die Gliederung der Altstadt erkennen: An das geistliche Zentrum mit dem Dom und den Kirchen schließt sich die Fürstenstadt mit großzügigen Plätzen und Palästen an. Die Bürgerstadt hat ihre mittelalterliche Struktur bewahrt: enge Gassen, die viel-

Erzbischof Guidobald Graf Thun ließ diesen Brunnen auf dem Residenzplatz von Salzburg zwischen 1656 und 1661 erbauen

---

Hotel- und Restaurantpreise (Stadt Salzburg)

Hotels
Kategorie 1: ab öS 2000–3000
Kategorie 2: ab öS 1200–2000
Kategorie 3: ab öS 400–1200

Die Preise gelten für eine Person im Doppelzimmer mit Frühstück.

Restaurants
Kategorie 1: ab öS 400–800
Kategorie 2: ab öS 250–400
Kategorie 3: ab öS 120–250

Die Preise gelten für ein Essen mit drei Gängen. Getränke kosten extra, Wein ist teuer.

fach von *Durchhäusern,* das sind von Arkaden gesäumte Innenhöfe, verbunden sind. Der historische Kern schmiegt sich zwischen Kapuziner-, Mönchs- und Festungsberg; mittendurch fließt die Salzach. Dieser Kern ist architektonisch weitgehend intakt. Bombenangriffe auf die Stadt haben zwar schwere Schäden verursacht, doch ist es durch vorsichtigen Wiederaufbau gelungen, das ursprüngliche Bild weitgehend zu wahren.

Die Sonderstellung, die die Stadt und das Land Salzburg in Österreich bis heute haben, erklärt sich aus der Geschichte: Salzburg war als Fürsterzbistum ein selbständiges staatliches Gebilde innerhalb des Römischen Reiches Deutscher Nation. Der Goldbergbau in den Hohen Tauern und in noch bedeutenderem Maß die Salzgewinnung bildeten die wirtschaftliche Grundlage zur aufwendigen Ausgestaltung der Residenzstadt mit Prunkbauten. Erst 1816 kam das Land Salzburg an Österreich.

Das einzigartige Stadtbild und das kulturell reichhaltige Angebot machen Salzburgs Besonderheit aus. Der hohe Stellenwert im Kulturleben wird nicht zuletzt mit dem Zusammentreffen der verschiedenen Strömungen an diesem mitteleuropäischen Schnittpunkt erklärt. Die Kultur war es auch, an der sich Salzburg nach dem Verlust seiner eigenstaatlichen Souveränität Anfang des vorigen Jhs. allmählich wieder zu Selbstbewußtsein aufge-

MARCO POLO TIPS
FÜR SALZBURG UND DEN FLACHGAU

1 Festung Hohensalzburg
Größte noch vollständig erhaltene mittelalterliche Festung Mitteleuropas mit Fürstenzimmern
(Seite 34)

2 Getreidegasse
Wichtigster alter Straßenzug der Bürgerstadt, reich verzierte Haus- und Gewerbeschilder an den Fassaden des 17./18. Jhs.
(Seite 35)

3 Mozarts Wohnhaus
In der Wohnung der Familie Mozart im 3. Stock ist ein Museum eingerichtet mit Autographen und Originalinstrumenten
(Seite 36)

4 Stift Nonnberg
Ältestes ununterbrochen bestehendes Frauenkloster im deutschen Sprachraum. Spätgotische Basilika mit gotischem Altar
(Seite 36)

5 Freilichtmuseum Großgmain
Auf 50 ha über 40 landschaftstypische Höfe aus allen Teilen des Salzburger Landes (Seiten 33 und 38)

6 Benediktinerabtei Michaelbeuern
In den Kreuzgängen und im Refektorium ist ein Museum mit Büchern und Gemälden eingerichtet
(Seite 44)

SALZBURG UND FLACHGAU

schwungen hat. Es begann mit zunächst sporadischen und dann immer regelmäßigeren Festen zur Erinnerung an Wolfgang Amadeus Mozart. Zur Gründung der eigentlichen Festspiele kam es dann während des Ersten Weltkriegs, 1917, als sich der Niedergang der österreichisch-ungarischen Monarchie als Weltmacht abzeichnete. Die Gründer der Festspiele, Hugo von Hofmannsthal, Max Reinhardt und Richard Strauss, glaubten an die völkerverständigende Kraft der Kultur und daran, daß Österreich als geistig-kulturelle Großmacht werde weiterbestehen können.

Die Festspiele begannen in extremen Notzeiten, 1920, mit einer Aufführung des »Jedermann« vor dem Dom. Bis heute hat sich der »Jedermann« auf dem Spielplan gehalten. In den zwanziger Jahren wurde die ehemalige Winterreitschule der Fürsterzbischöfe im Zentrum der Stadt als Aufführungsstätte adaptiert. Nach mehrmaligen Umbauten wurde daraus das heutige Kleine Festspielhaus. Als wichtiger Aufführungsort kam hinter dem Festspielhaus die Felsenreitschule hinzu. Reinhardt richtete dort die »Faust«-Stadt ein, die von den Nazis zerstört wurde. Gerade die unkonventionellen Aufführungsstätten machten das Außergewöhnliche der Festspiele aus. Obwohl es in den fünfziger Jahren in der Stadt noch viele Barackenlager gab, wurde nach Plänen von Clemens Holzmeister mit dem Bau des Großen Festspielhauses begonnen. Mit seiner Riesenbühne – man sprach vom Cinemascope-Effekt – entsprach es vor allem den Vorstellungen Herbert von Karajans, der hier in der Folge seine künstlerischen Absichten als Dirigent und auch Regisseur verwirklichte. Karajan prägte den Weltruf der Festspiele bis zu seinem Tod 1989. Mit der Berufung des Belgiers Gérard Mortier zum künstlerischen Leiter begann eine neue Ära, die eine vorsichtige Modernisierung in Angriff nimmt und die in Zusammenarbeit mit erstrangigen Regisseuren auf zeitgemäße Werkinterpretation Wert legt. Auch wird dem Schauspiel seither wieder entschieden mehr Bedeutung zugemessen.

Herbert von Karajan hatte 1967, nach seinem Abgang als Direktor der Wiener Oper, in Salzburg die Osterfestspiele gegründet und damit eine zweite Festspielsaison eröffnet, die er mit den Berliner Philharmonikern gestaltete. Er inszenierte zunächst Werke von Wagner, doch kamen später auch Opern von Verdi, Beethoven und anderen hinzu. Nach Karajans Tod blieben die Osterfestspiele als eigenständige Unternehmung bestehen. Unter der künstlerischen Leitung von Georg Solti und Claudio Abbado wurde die Zusammenarbeit mit den Festspielen im Sommer immer enger.

Nachdem im Januar 1956 der 200. Geburtstag Mozarts von der Internationalen Stiftung Mozarteum mit einer Festwoche auf hohem Niveau begangen worden war, findet seither regelmäßig im Januar die Mozart-Woche statt, zu der Opernaufführungen sowie Konzerte der Wiener Philharmoniker gehören.

Die »Szene«, 1970 gegründet, ist ein bedeutendes internationales Avantgardefestival mit den Schwerpunkten Tanz und Theater. Standort ist ein von seinen Einbauten befreites großes Kino in der Innenstadt.

Das Große und das Kleine Festspielhaus, das Landestheater, das Marionettentheater und die Säle des Mozarteums sind attraktive Veranstaltungsorte. Salzburg ist Universitätsstadt (rund 10 000 Studenten), und an der Hochschule Mozarteum werden junge Talente aus aller Welt zu Musikern und Künstlern ausgebildet. Wenn die Innenstadt auch den Eindruck macht, als gäben sich Besucher und Einheimische nur dem Einkaufen und dem Vergnügen hin, so wird in Salzburg doch gearbeitet. Die Stadt ist nicht zuletzt Sitz einiger internationaler Konzerne. Zudem wird ein großer Teil des österreichischen Autoimports über Salzburg abgewickelt.

Der Name des vor der Stadt Salzburg liegenden Alpenvorlandes »Flachgau« könnte irreführen, denn der höchste Berg, der ❃ *Untersberg,* ist immerhin 1972 m hoch. Eine lohnende Aussicht ins Land bietet sich nicht nur von diesem Gipfel aus, sondern auch vom Haunsberg bei Obertrum. Diese Anhöhe wird von der Kaiserbuche markiert, die schon von weitem zu sehen ist. Der zum Naturdenkmal erklärte Baum erinnert an den Besuch Kaiser Josephs II. 1779. Und doch hat der Name Flachgau etwas für sich: Sobald die Salzach den Durchbruch zwischen Tennen- und Hagengebirge geschafft hat, treten die Berge zurück, weitet sich das Tal, und flacheres Land beginnt.

Fünf Seen gehören zur Region: Mattsee, Obertrumersee, Gra-

Typisch für die Getreidegasse – Hausschilder aus dem 16. bis 19. Jh.

SALZBURG UND FLACHGAU

bersee, Wallersee und Fuschlsee. Hier sind Segel- und Surfsportler der Spitzenklasse zu Hause. Es gibt drei sehenswerte Museen: das Zollmuseum in Perwang, das Moormuseum in Lamprechtshausen und das ★ ✪ Freilichtmuseum in Großgmain mit 40 Bauernhäusern aus dem ganzen Salzburger Land. Diese Anlage ist bemerkenswert, weil sie in einprägsamer Form historische Lebensweisen im Salzburger Raum sichtbar macht.

In Obertrum steht die älteste Weißbierbrauerei Österreichs. Beim Wildkarwasserfall nahe Seeham liegt eine alte Kugelmühle – hergestellt werden dort Marmorkugeln *(zu besichtigen, Mi von 9 bis 11 Uhr ist sie in Betrieb).* Noch 1792 produzierten 43 Kugelmühlen fast fünf Millionen Kugeln zur Kriegsführung. In Berndorf ist beim Lacknerbauern ein Prangerstutzenmacher (Feuerwaffenhersteller) tätig.

In Henndorf am Wallersee lebte vor dem Zweiten Weltkrieg für zwölf Jahre Carl Zuckmayer. In der »Wiesmühl«, seinem Wohnhaus, wurde er von vielen bedeutenden Schriftstellern der Zeit besucht. Das heute noch existierende »Bräu« war sein bevorzugtes Wirtshaus.

Die Umgebungsorte von Salzburg sind sowohl als Wohngegend als auch von Gästen als Urlaubsregion sehr begehrt. Dazu gehört Anif im Süden der Stadt, wo Herbert von Karajan wohnte und begraben ist. Knapp bevor die Bundesstraße von Hallein nach Salzburg Anif erreicht, ist auf der rechten Seite durch Hecken hindurch das Wasserschloß Anif zu sehen. Es stammt aus dem 16. Jh. und befindet sich in Privatbesitz. Bis 1814 diente es den Fürstbischöfen von Chiemsee als Sommersitz; der letzte von ihnen legte einen weitläufigen englischen Garten an.

Die Salzach abwärts liegt Bergheim mit seinen zahlreichen Sporteinrichtungen, darunter ein Tenniscamp mit 24 Plätzen. Am Fuß des Gaisbergs befindet sich der bereits 930 erwähnte Ort Elsbethen, Ausgangspunkt für Wanderungen in die Glasenbachklamm, zum bizarren Felssturz der »Trockenen Klammen«, voller Klüfte und Abgründe, oder in die Salzachauen.

SALZBURG

BESICHTIGUNGEN

Dom (E 5)
Der Residenz-, Dom- und Kapitelplatz umgeben das Bauwerk, das auf diese Weise freistehend seine volle Wirkung entfalten kann. Geschaffen wurden diese Plätze, an deren Stelle sich zuvor die mittelalterliche Stadt ausgedehnt hatte, von Fürsterzbischof Wolf Dietrich. Er ließ zu diesem Zweck nicht nur viele Häuser, sondern auch den romanischen Vorgängerbau des Doms 1599 abreißen. 1611 begann der Neubau und war 1628 abgeschlossen. Baumeister Santino Solari folgte dem Formenkanon des italienischen Frühbarocks. Mit seinen Dimensionen, der mächtigen Kuppel, den düster-grauen Langhausfassaden und der feingliedrigen, hellen, marmornen Doppelturmfassade ist der Dom für das Stadtbild bestimmend. Die Eingangsfassade bildet nicht zuletzt die wirksame Kulisse für die Aufführungen des »Jedermann«

zur Festspielzeit. Das Innere ist von kühler Pracht gekennzeichnet. Alles ist darauf angelegt, den Besucher zu beeindrucken, und vermittelt ihm keine Atmosphäre der Geborgenheit. Der Kontrast zwischen dem dunklen, schmucklosen, tonnengewölbten Mittelschiff und der oktogonalen Vierung, die durch die Kuppel viel Licht erhält, ist überdeutlich. *Mo–Sa 6.30–17, So 8.30–17 Uhr*

Festung Hohensalzburg (E–F 6)
★ Sie liegt 119 m über der Stadt, ist mit einer Fläche von 30 000 qm die größte vollständig erhaltene Burg in Mitteleuropa und wirkt auf den Besucher wie eine kleine, in sich geschlossene mittelalterliche Stadt. Mächtige, mit Schießvorrichtungen ausgerüstete Türme und strategisch überlegt angeordnete Basteien sicherten ihre Uneinnehmbarkeit. Mit dem Bau wurde 1077 begonnen, doch erst um 1500 erhielt die Festung in etwa ihre Ausdehnung von heute. Sie ist mit Prunkräumen ausgestattet, weil sie den Fürsterzbischöfen beispielsweise zur Zeit der Belagerung in den Bauernkriegen 1525/26 als Residenz diente. Heute ist während des Sommers in einigen Gebäuden der Festung die von Oskar Kokoschka gegründete Internationale Sommerakademie für bildende Kunst untergebracht. Im ältesten Teil, dem Hohen Stock, befinden sich das Burg- und das Rainer-Regimentsmuseum. Die Festung ist mit einer Seilbahn zu erreichen. Von der Festung bieten sich wie auch von Mönchs- und Kapuzinerberg ergiebige Aussichten auf Stadt und Umland. *Führungen Okt.–April 9.30 bis 16.30 Uhr, alle 30 Min.; Mai–Sept. 9–17.30 Uhr, alle 15 Min.; Erw. 65, Kinder 35 öS, Besichtigung Erw. 35, Kinder 20 öS*

Friedhof St. Peter (E 5)
St. Peter ist das einzige Männerkloster im deutschsprachigen Raum, das seit dem 7. Jh. besteht, und die Stiftskirche ist die einzige hochromanische Kirche Salzburgs. Die Anfänge des überaus beschaulichen Friedhofs, der mit Arkaden umgeben ist, reichen bis in spätrömische Zeit zurück. Die in den Fels gehauenen Nischen, »Katakomben« genannt, waren vermutlich Mönchszellen. Eine Sehenswürdigkeit besonderer Art, die viel zuwenig beachtet wird, ist der »Salzburger Totentanz«: Auf zwei Holztafeln in den »Katakomben« sind je sechs Bilder zu sehen, die wegen ihrer Drastik guten Gewissens spekta-

---

Belagerung

Im Mai 1525 waren rebellische Bauern und Bergleute im Süden des Landes aufgebrochen und bis in die Stadt Salzburg gezogen. Der geistliche Fürst, Kardinal Matthäus Lang, hatte sich mit seinen Vertrauten vorsorglich auf die Festung zurückgezogen. Die Aufständischen begannen mit der Belagerung. Die Festung aber widerstand den Angriffen. Lediglich ein Kanonenschuß fügte einer der gedrehten Marmorsäulen im Wohnbereich der Festung eine Schramme zu, die heute noch zu sehen ist.

SALZBURG UND FLACHGAU

kulär genannt werden können. Die Grau-in-Grau-Malerei zeigt den Tod, ein spindeldürres Gerippe, als unermüdlichen Arbeiter, der seine Tätigkeit perfekt organisiert. In der sogenannten Kommunengruft sind unter anderen Michael Haydn und Mozarts Schwester Nannerl begraben. *Tgl. bis Einbruch der Dunkelheit*

Friedhof St. Sebastian (E 3)

Der im Schutz der Kirche St. Sebastian gelegene Friedhof besteht schon seit 1499. Er war den Pesttoten, Aussätzigen und anderen Elenden vorbehalten. Der in vieler Hinsicht ungewöhnliche Fürsterzbischof Wolf Dietrich ließ ihn 1598 nach italienischem Vorbild zu einem Campo Santo umgestalten. Inzwischen befinden sich hier 88 Grüfte vornehmer Salzburger Familien. Auf der Rasenfläche in der Mitte steht das Grabmal der Familie Mozart. Wolfgang Amadeus Mozart wurde in einem Massengrab auf dem Friedhof St. Marx in Wien beigesetzt. Hier in Salzburg ist das Grab seines Vaters, Leopold, seiner Frau Constanze und das von deren zweitem Ehemann, Georg Nikolaus von Nissen. Die Gabrielskapelle im Zentrum der Friedhofsanlage ist das Mausoleum Fürsterzbischof Wolf Dietrichs. In der Bodenmitte ist ein Durchblick in die Gruft mit dem Sarg des Fürsten freigelassen. In der Durchgangshalle zwischen Kirche und Friedhof findet sich das Grab von Theophrastus Bombastus von Hohenheim, genannt Paracelsus (1493–1541). Der berühmte Naturforscher und Arzt ist in Salzburg gestorben. *Linzer Gasse, tgl. 7–19 Uhr*

Fürsterzbischöfliche Hofapotheke (E 4)

Das bemerkenswerteste Haus auf dem Alten Markt, in dessen Mitte der Florianibrunnen steht, ist wohl die ehemalige fürsterzbischöfliche Hofapotheke. Die Rokoko-Einrichtung aus der Zeit um 1760 befand sich zwar ursprünglich im Nebenhaus, sie ist aber original erhalten: Auf Holzregalen mit vergoldeten Aufsätzen stehen schöne Gefäße mit den lateinischen Namen der Heilmittel. Es sieht aus wie in einem Museum, doch die Apotheke ist in Betrieb. *Alter Markt 6*

Getreidegasse (D–E 4)

★ Sie ist die Hauptstraße der alten Bürgerstadt und hieß früher Trabegasse. Der Name deutet darauf hin, daß es die Menschen eilig hatten. Der altertümliche Charakter hat sich gut erhalten, wenn sich auch im Erdgeschoß der Häuser nicht immer geschmackvoll internationale Ladenketten einquartiert haben. Beachtlich sind die Portale der alten Bürgerhäuser und die charakteristischen Hausschilder aus dem 16. bis 19. Jh.

Mozarts Geburtshaus (D 4)

In der Getreidegasse 9, 3. Stock, wurde am 27. Januar 1756 Wolfgang Amadeus Mozart geboren. In der Wohnung der Familie sind originale Musikinstrumente, Möbel und Gemälde zu sehen, darunter das Porträt Mozarts, gemalt von seinem Schwager Lange, das seinem Aussehen vermutlich am nächsten kommt. In Vitrinen sind Autographen ausgestellt. *Getreidegasse 9, tgl. 9–18 Uhr, 28. Juni–29. Aug. 9–19 Uhr, Führungen Erw. 65, Kinder 20 öS*

Mozarts Wohnhaus (E 3)

★ Auf der anderen Seite der Salzach steht am Makartplatz Mozarts Wohnhaus, das im Zweiten Weltkrieg zerstört worden war und seit 1996 in rekonstruierter Form wieder besteht. Es umfaßt ein Museum, eine Sammlung von Ton- und Filmaufnahmen und eine Autographensammlung. Im Tanzmeistersaal des Hauses finden wie in historischer Zeit Konzerte statt. *Makartplatz 8, tgl. 10–18, 28. Juni bis 29. Aug. 9–19 Uhr, Erw. 55 öS, Kinder 20 öS; die Kombinationskarte für beide Häuser kostet für Erw. 100 öS, für Kinder 30 öS.*

Pferdeschwemmen (E 5, D 4)

Die Pferdeschwemmen hatten den Zweck, die Tiere zu reinigen, bevor sie in den Marstall gebracht wurden. Die hochwertige künstlerische Ausgestaltung erhebt sie in den Rang von Kultstätten. Neptun, der Meeresgott und Beherrscher der Pferde, ist das plastische Hauptmotiv der Pferdeschwemme auf dem Kapitelplatz, ein Kunstwerk, geschaffen 1732 von Joseph Anton Pfaffinger. Von ihm stammen auch die vier Brunnenfratzen auf der Pferdeschwemme am Karajan-Platz, deren Portalwand von Fresken mit antiken Motiven geschmückt wird, und im Zentrum steht die Plastik eines Rossebändigers. *Neutor*

Residenz (E 4–5)

Vom Residenzplatz aus betritt man durch einen Torbogen einen großzügigen Innenhof. Hier finden im Sommer Aufführungen der Festspiele statt. Die Prunkräume befinden sich in der Beletage. Von hier beginnen die Führungen durch die mit Fresken und Stuckmedaillons ausgestatteten Räume: den Carabinierisaal, in dem sich die Leibwache des Fürsten aufhielt, den Rittersaal, das Konferenzzimmer, die Antecamera, den Audienzsaal bis zum Thronsaal und Kaisersaal. Im Stockwerk darüber sind die Salzburger Landessammlungen untergebracht. *Residenzplatz, Führungen Juli–Sept. 10–16.30, Okt.–Juni 10, 11, 14 und 15 Uhr, Erw. 50 öS, Kinder 15 öS; die Kombinationskarte für den Besuch der Residenzgalerie kostet 80 öS.*

Schloß Mirabell (D 2)

Als Fürsterzbischof Wolf Dietrich von Raitenau das Lustschloß Altenau 1606 für seine Lebensgefährtin Salome Alt, mit er 14 gemeinsame Kinder hatte, erbauen ließ, lag der Standort vor der damaligen Stadt. Das Schloß, dessen Namen später in Mirabell geändert wurde, verlor beim Wiederaufbau nach einem verheerenden Brand 1818 weitgehend seine barocke Gestalt zugunsten klassizistischer Überformung. Eine Sehenswürdigkeit ist das von Johann Lukas von Hildebrandt geplante Stiegenhaus. Der plastische Schmuck, die Figuren in den Nischen und die Putten auf dem marmornen Treppengeländer stammen von Georg Raphael Donner. Der Marmorsaal gilt als der schönste Trauungssaal Europas. Das Schloß ist heutzutage Sitz des Bürgermeisters und der Stadtverwaltung. *Freier Eintritt, tgl. 12 bis 16 Uhr*

Stift Nonnberg (F 5–6)

★ Es wurde um 700 vom hl. Rupert gegründet, war bis 1848 ade-

SALZBURG UND FLACHGAU

Vor Mozarts Geburtshaus ist meist viel Andrang

liges Damenstift und gilt als das älteste bis heute ununterbrochen intakte Frauenkloster im deutschen Sprachraum. Der größte Schatz der breiten, spätgotischen Stiftskirche zu Unserer lieben Frau und St. Erentrudis sind die hochromanischen Fresken (12. Jh.). Es sind die bedeutendsten in Österreich. Der Klosterschatz umfaßt viele Raritäten wie etwa einen mittelalterlichen rituellen Faltstuhl.

Der Klosterbau ist für das Stadtbild ähnlich bestimmend wie die Festung. *Nonnberggasse 2, Information über die sehr selten stattfindenden Führungen: Tel. 06 62/8 41 60 70*

Zwerglgarten (**D 2**)

Die 28 in einem Teil des Mirabellgartens aufgestellten barokken Zwerge aus Untersberger Marmor sind 1811 versteigert und in alle Welt verstreut worden. Bis auf fünf sind sie aber wieder an ihrem Platz zurückgekehrt. Sie werden nach ihren auffälligen Attributen benannt: der mit der Strohtasche, der mit dem Holzbein, die Zwergin mit dem ausgeschnittenen Mieder usw. Sie waren ursprünglich Darsteller eines Zwergentheaters, das wiederum ein wichtiger Teil des fürsterzbischöflichen Lustgartens war.

MUSEEN

Barockmuseum (D 2–3)
Das Museum, eine private Gründung des Sammlers Kurt Rossacher, in der Orangerie des Schlosses Mirabell zeigt in erster Linie Studien, Skizzen und Modelle aus dem 17. und 18. Jh. Ein Schwerpunkt ist das römische Barock um Bernini, ein anderer das süddeutsche und österreichische Barock in Beispielen von Troger, Maulbertsch, Kremser-Schmidt u. a. *Mirabellgarten, Di-Sa 9–12 und 14–17, So 9–12 Uhr, Erw. 40 öS, Kinder frei, Führungen*

Carolino Augusteum (D 3–4)
Das Stadt-Land-Museum, bestehend seit 1834, hat im Zweiten Weltkrieg schwere Verluste erlitten. Die bedeutendsten Exponate sind die keltische Schnabelkanne von Dürrnberg von 400 v. Chr., ein romanischer Gekreuzigter von 1170 und mehrere gotische Mariendarstellungen des »weichen Stils«. Ferner sind Spitzwegs »Spaziergang« zu erwähnen sowie etliche Werke von Hans Makart. Immer wieder finden Sonderausstellungen statt. Die Unterbringung des Museums befriedigt leider ganz und gar nicht. *Museumsplatz 6, Mi–So 9–17, Di 9–20 Uhr, Mo geschl., Erw. 40 öS, Kinder 15 öS, Führungen*

Dommuseum (E 5)
Es steht in der Tradition der Kunst- und Wunderkammern der Barockzeit, die künstlerisch Wertvolles, aber auch Gegenstände von besonderer Kuriosität sammelten. Das Museum ist in einem Trakt der Domanlage untergebracht und umfaßt Mineralien, Bergkristallgefäße, Rosenkränze, Marienkronen, Elfenbeinarbeiten und präparierte Tiere. *Mo–Sa 10–17, So 12–17 Uhr, Erw. 50 öS, Kinder 10 öS, Führungen*

Freilichtmuseum (E 14)
★ Rund 10 km südwestlich von Salzburg, in der Nähe von Großgmain, ist das Salzburger Freilichtmuseum zu finden, wo schöne Beispiele für typische Bauernhäuser mit ihren Nebengebäuden aus dem Land – zur Zeit sind es etwa 40 von 58 geplanten – aufgestellt sind. *Großgmain, 21. März–Okt. tgl. außer Mo 9–18 Uhr, Erw. 60 öS, Schüler/Jugendliche 30 öS, Gruppen bis 30 Personen 390 öS, jede weitere Person 15 öS*

Haus der Natur (C–D 3–4)
Ein wissenschaftlich gut geführtes naturhistorisches Museum mit großer thematischer Spannbreite. Sie reicht von der Saurierhalle über Aquarium, Reptilienzoo und Tonbildschau bis hin zur Weltraumhalle. Detailreich ausgestattete Dioramen zeigen Landschaften und Lebensräume aus aller Welt. *Museumsplatz 5, tgl. 9–17 Uhr, Erw. 55 öS, Kinder 30 öS, Führungen*

Residenzgalerie (E 5)
Sie nahm nach dem Krieg die Sammeltätigkeit der Erzbischöfe wieder auf. Rund 200 Gemälde in historischen Prunkräumen. Die alten Bestände waren größteils verlorengegangen. Schwerpunkte sind Landschaftsmalerei des 19. Jhs. sowie Werke von Romanko und Klimt. Stolz der Sammlung ist ein Bildnis, das Rembrandt von seiner Mutter gemalt hat. *Residenzplatz 1, tgl. 10–17 Uhr, kombinierte Karte für Residenz und Residenzgalerie 80 öS*

SALZBURG UND FLACHGAU

Rupertinum (**D 5**)
In einem Bau, der früher Priesterzöglingen gewidmet war, ist seit 1983 die Moderne Galerie und Graphische Sammlung Rupertinum eingerichtet. Kernbestand ist das druckgraphische Werk Oskar Kokoschkas, eine Schenkung des Galeristen Welz. Dazu kommen ein Querschnitt durch internationale Graphik und Mappenwerke österreichischer Künstler. In das Rupertinum ist die erste österreichische Fotogalerie integriert. Ein Plan sieht vor, das Rupertinum unterirdisch nicht nur um Depots zu erweitern, sondern auch mit einer großen Ausstellungshalle zu kombinieren. *Wiener-Philharmoniker-Gasse 9, Di–Sa 10–17, Mi 10–21 Uhr, Erw. 40 öS, Kinder frei, eigene Sommerausstellung (erhöhter Eintritt)*

RESTAURANTS

Es empfiehlt sich, auf das Preis-Leistungs-Verhältnis zu achten, das nicht immer akzeptabel ist. Im Sommer haben manche Restaurants nach 22 Uhr (nach Ende der Festspielaufführungen) erhöhte Preise.

Augustinerbräu (**B 2**)
Das *Bräustübl,* wie es in Salzburg genannt wird, obwohl die großen Dimensionen dagegen sprechen, ist ein seit dem vorigen Jahrhundert existierender Bierausschank. Die Gäste sitzen in vier holzgetäfelten Sälen – sie fassen insgesamt 3000 Personen – und im Sommer in einem großen Garten. Eine Ladenstraße mit Buden bietet allerlei Eßbares an. *Augustinergasse 4, Kloster Mülln, Tel. 06 62/4 31 24 60, Kategorie 3*

Goldener Hirsch (**D 4**)
Festspielgäste ebenso wie Geschäftsleute schätzen die unprätentiöse Küche, die gleichwohl hohes Niveau hat, ganz besonders. *Getreidegasse 37, Tel. 06 62/8 08 40, Kategorie 1*

Krimpelstätter (**C 3**)
Ungekünstelte Atmosphäre, originelle Speisekarte mit guter Auswahl an bodenständigen Gerichten. Schöner Gastgarten. *Müllner Hauptstr. 31, Tel. 06 62/43 22 74, Kategorie 3*

Österreichischer Hof (**D 3–4**)
Solide, verläßliche Küche und angenehmes Ambiente. Spezialität: Tafelspitz. *Schwarzstraße 5–7, Tel. 06 62/8 89 77, Kategorie 1*

Schwaitlalm (**E 14**)
Bestens geführtes Lokal (auch Hotel) auf einer Anhöhe südlich der Stadt. Italienische Küche. *Vorderfager 39, Elsbethen, Tel. 06 62/62 59 27, Kategorie 1*

Shakespeare (**D 2**)
☼ Treffpunkt für junge Leute. Spezialisiert auf chinesische Küche, außerdem Hausmannskost. *Hubert-Sattler-Gasse 3, Tel. 06 62/87 91 06, Kategorie 3*

EINKAUFEN

In der *Altstadt,* insbesondere in der Getreidegasse, findet sich eine Fülle von Boutiquen und anderen Spezialgeschäften. Hier unterhalten mehrere internationale Konzerne der Modebranche Niederlassungen. Dazwischen gibt es aber auch Fast-food-Lokale. Mobile Souvenirhändler versuchen, ins Geschäft zu kommen. In der *Sigmund-Haffner-Gasse*

(**E 4–5**) haben sich etliche Galerien etabliert, darunter *Welz* als eine gute Adresse für klassische Moderne und die *Galerie 5020* für Avantgardekunst. Interessenten für Schmuck, auch Trachtenschmuck, finden das Gesuchte in Läden am *Alten Markt* (**E 4**) und dem *Universitätsplatz* (**D–E 4**).

HOTELS

Der Gast findet rund 200 Hotels, Apartmenthäuser, Pensionen und Gasthöfe vor. In jüngerer Zeit sind etliche Häuser internationaler Konzerne wie *Radisson*, *Sheraton*, *Penta*, *Dorint*, *Novotel* und *Holiday Inn* hinzugekommen.

Goldener Hirsch (**D 4**)
Hotel im Festspielbezirk. Höchster Komfort, auch in der Dependance *Kupferkanne*. Eingerichtet mit Antiquitäten. *71 Zi., Getreidegasse 37, Tel. 0662/80840, Fax 843349, Kategorie 1*

Schloß Mönchstein (**C 3**)
Mitten in der Stadt, doch fernab des Lärms, auf dem Mönchsberg. *Nur 17 exquisite Zi., Am Mönchsbergpark 26, Tel. 0662/8485550, Fax 848559, Kategorie 1*

Überfuhr (**O**)
Gasthof an der Salzach mit recht bodenständiger gastronomischer Versorgung, nur 2 km vom Zentrum entfernt. *15 Zi., Ignaz-Rieder-Kai 43, Tel. 0662/6230100, Fax 6230104, Kategorie 3*

Weiße Taube (**F 5**)
Familienbetrieb in der Altstadt mit angenehmer Atmosphäre. *33 Zi., Kaigasse 9, Tel. 0662/842404, Fax 841783, Kategorie 2*

Zur Post (**O**)
Angenehmer Familienbetrieb mit gut ausgestatteten Pensionszimmern. Die Altstadt erreicht man leicht zu Fuß. *19 Zi., Maxglaner Hauptstr. 45, Tel. 0662/832390, Fax 832395, Kategorie 3*

AM ABEND

In Salzburg will man Musik hören können. Eine durchgehende Kammermusikreihe gibt es im Marmorsaal von Schloß Mirabell, die »Schloßkonzerte« *(Leskowitz, Griesgasse 6, Tel. 0662/8485860)*, ebenso die »Festungskonzerte« *(Anton-Adlgasser-Weg 22, Tel. 0662/825858)* in den Fürstenzimmern der Festung. Nicht ganz so regelmäßig finden Orchesterkonzerte im Festspielhaus und im Großen Saal des Mozarteums statt. Die Nachtschwärmer und Diskofans kommen unter anderem im Be-

Mitten in der Stadt und doch fern von Lärm: das Hotel Schloß Mönchstein auf dem Mönchsberg

SALZBURG UND FLACHGAU

> ### »Stille Nacht ...«
>
> In Salzburg existiert eine »Stille-Nacht-Gesellschaft«, der viele ehrenhafte Menschen angehören. Ihr Zweck ist die Förderung der Erforschung aller Umstände, die zur Entstehung des berühmten Weihnachtslieds geführt haben. Die Legende weiß, daß 1816 zur Christmette in Oberndorf die Orgel nicht funktioniert hatte, so daß der Organist Franz Xaver Gruber auf einen Text des Hilfspriesters Joseph Mohr rasch ein Lied komponierte, das dann zur Gitarre vorgetragen wurde. 30 Jahre danach war es ruhig geworden um das Lied, bis eine Anfrage aus Berlin an das Stift St. Peter zu dem Lied erging. Zu der Zeit galt es in Leipzig als »ächtes Tyroler Lied«. Die erwähnte Gesellschaft wacht darüber, daß der Wahrheit die Ehre gegeben wird.

reich Steingasse, Imbergstraße und in der Gstättengasse auf ihre Rechnung, in Lokalen wie *Friedrichs, Bazillus, Daimler's Claud, Stadtwerk Orange* und *Höllbräu-Passage (Dips, Hell)*.

AUSKUNFT

Salzburg-Information

Hier werden Besucher umfassend beraten, wenn es um Hotels, Restaurants oder Veranstaltungen geht – oder aber darum, Stadt und Umgebung mit einem Mietfahrrad zu erkunden. *Informationsstellen (Vorwahl 06 62):*
Mozartplatz 5, Tel. 84 75 68, 8 89 87-330 oder -331
Hauptbahnhof, Bahnsteig 10, Tel. 8 89 87-340
Salzburg Mitte, Münchner Bundesstraße 1, Tel. 8 89 87-350
Salzburg Süd, Park & Ride-Parkplatz, Alpensiedlung Süd, Alpenstraße, Tel. 8 89 87-360
Salzburg West, Flughafen, Innsbrucker Bundesstraße 95 (BP-Tankstelle), Tel. 85 12 11 (tgl. 9–21.30 Uhr)
Salzburg Guide Service, Verein der geprüften Salzburger Fremdenführer, Pfeifergasse 3/1, Tel. 06 62/84 04 06, Fax 84 54 70, Mo–Fr 8–13 und 14–17 Uhr (an Wochenenden und Feiertagen am Mozartplatz anrufen)

ZIELE IN DER UMGEBUNG

Lustschloß Hellbrunn (E 14)

Das 1612 bis 1615 erbaute Schloß liegt 8 km südlich von Salzburg. Es zieht wegen seiner berühmten Wasserspiele, der Grotten, des weitläufigen, mit Skulpturen geschmückten Parks und des Steintheaters, einer schon in der Barockzeit genutzten Naturbühne, jährlich mehrere hunderttausend Besucher an. An zwei Wochenenden im August findet hier das »Fest in Hellbrunn« mit Opern, Schauspielen, Konzerten und Rezitationen statt. *Tel. 06 62/82 03 72, Mai bis Sept. tgl. 9–17.30, sonst 9–16.30 Uhr, Nov.–März geschl., Erw. 70 öS, Kinder 35 öS, Buslinie 55*

Auf einem bewaldeten Hügel steht das Monatsschlößchen mit einem Volkskundemuseum.

Zur Anlage gehört auch ein sehenswerter Tiergarten, der wegen der vielen Freigehege besonders attraktiv ist. *Tel. 06 62/82 01 76*

Die Hellbrunner Allee war früher die einzige Verbindung

Ein Teich im weitläufigen Schloßpark von Hellbrunn

zur Stadt. Sie besteht zum Teil aus Bäumen, die über 300 Jahre alt sind, und wird von einer Reihe kleinerer und größerer Schlösser gesäumt:

Das *Schloß Freisaal (Freisaalweg 12)*, im Mittelalter erbaut, war einst das Lusthaus von Erzbischof Pilgrim II. von Puchheim. Von hier aus hielten die neugewählten Erzbischöfe ihren feierlichen Einzug in die Stadt.

Das *Schloß Frohnburg (Hellbrunner Allee 53)*, versehen mit einem Freilichttheater und einem Wasserturm, wurde 1672 als Landschloß für Johann Josef Graf Kuenburg gebaut. Heute ist hier das Orff-Institut der Hochschule für Musik und darstellende Kunst Mozarteum untergebracht.

Die *Emsburg (Hellbrunner Allee 52)* stammt von 1618 (kurz nachdem das Schloß Hellbrunn fertiggestellt worden war) und diente Hauptmann Sigmund von Marbon und dessen Gemahlin, die Erzbischof Marcus Sitticus nahegestanden hatte, als Wohnsitz. Im 19. Jh. erfolgten mehrere Anbauten.

Von 1701 bis 1811 gehörte das Schloß dem Rupertiritterorden. Gegenwärtig ist das Gebäude das Mutterhaus der Franziskanerinnen (Schulschwestern) von Hallein.

Maria Plain (E 14)

Von der Stadtmitte 3 km entfernt steht auf einer Anhöhe weithin sichtbar die Wallfahrtskirche Maria Plain, erbaut 1671 bis 1674. Von hier bietet sich eine weiträumige Aussicht auf Stadt und Bergwelt der Umgebung. Im niederbayrischen Ort Regen war während des Dreißigjährigen Kriegs ein Gnadenbild »Maria mit dem Jesuskind« bei einem Brand unversehrt geblieben. Nachdem das Bild auf großen Umwegen in den Besitz der Familie Plain gekommen war, setzten die ersten Wallfahrten ein.

SALZBURG UND FLACHGAU

Die Innenausstattung der Kirche ist von so bedeutenden Künstlern wie Ludwig Schwanthaler (Skulpturen der Seitenaltäre) und Kremser-Schmidt (Serie von Wandbildern, die das Leben des hl. Benedikt illustrieren) geschaffen worden. Zur Erinnerung an die feierliche Krönung des Gnadenbilds der Madonna hat Mozart 1779 die »Krönungsmesse« komponiert.

In der Elisabethvorstadt beginnt ein Wallfahrtsweg hinaus zur Wallfahrtskirche mit einst 15 Bildsäulen von 1705. Sie zeigen Darstellungen des Rosenkranzgeheimnisses. Am Hang des Kirchenhügels stehen vier Kalvarienbergkapellen aus der Zeit von 1686 und 1692. In der ersten ist die Ölbergszene dargestellt, in der zweiten die Geißelung Christi, in der dritten die Dornenkrönung und in der vierten die Kreuztragung. Die Holzplastiken stammen aus der Werkstatt von Thomas Schwanthaler. In einer weiteren Kapelle, der Schmerzenskapelle, steht eine Pietà von Franz Schwanthaler aus dem Jahr 1730.

Die Heilig-Grab-Kapelle, 1692 östlich von der Kirche errichtet, versteht sich als eine Nachbildung des Heiligen Grabs in Jerusalem.

FUSCHL

(**B 9**) Der Luftkur- und Badeort liegt am Ostufer des 4 km langen, bis zu 22 °C warmen Fuschlsees, dessen Ufer unter Naturschutz stehen. Rund um den See gibt es einige Freibadeplätze. Schloß Fuschl am Westende des Sees war einst ein erzbischöfliches Jagdschloß, heute ist es ein Hotel.

BESICHTIGUNG

Rumig Mühle
Die Mühle von 1872 wird vorgeführt *(Mai–Sept. Fr 18 Uhr, Brotbacken jeden Do 13 Uhr).* Und es gibt hier eine Sommerrodelbahn. *Tel. 0 62 26/84 52*

RESTAURANTS

Brunnwirt
Erlesen eingerichtet, feine Küche. Nur wer reserviert hat, findet Einlaß. *Brunn 8, Tel. 0 62 26/82 36, Kategorie 1*

Parkhotel Waldhof
Liebenswürdig betreutes, vornehmes Haus mit Blick über den See. Fischspezialitäten. *Seepromenade, Tel. 0 62 26/82 64, Kategorie 1*

Schloßhotel Fuschl (**A 9**)
Elegant ausgestattet, Küche mit regionalem Einschlag auf hohem Niveau, internationales Publikum. *Tel. 0 62 29/225 30, Kategorie 1*

HOTELS

Parkhotel Waldhof
Beliebtes Silence-Hotel am Ortsende gelegen, komfortabel, aber auch schlicht eingerichtete Zimmer und Apartments, hoteleigener Strand, Aktivprogramm. *75 Zi., Seepromenade, Tel. 0 62 26/82 64, Fax 86 44, Kategorie 1*

Schloßhotel Fuschl (**A 9**)
Das Schloß bildet mit seinen Dependancen fast ein kleines Dorf und zählt zu den exklusivsten Unterkünften im Raum Salzburg; am See gelegen, klassisch-elegant eingerichtete Zimmer und Suiten. Golfplatz, eigener Seestrand und eine Schönheits-

farm. *84 Zi., Hof bei Salzburg, Tel. 0 62 29/2 25 30, Fax 2 25 35 31, Kategorie 1*

AUSKUNFT

Fremdenverkehrsverband Fuschl am See
Dorfstraße 65, Tel. 0 62 26/82 50 und 83 84, Fax 86 50

ZIELE IN DER UMGEBUNG

Das *Rauchhaus Mühlgrub* in *Vorderelsenwang* (**A 9**) aus dem 13. Jh. ist das älteste Gut im Salzburger Land. Der *Salzburgring* (**F 14**) in der Nähe von Koppl ist eine Auto- und Motorradrennstrecke.

MATTSEE

(**E 13**) Der Badeort, zwischen Obertrumersee und Mattsee (auch Niedertrumersee genannt) gelegen, ist vor allem wegen seiner Moorbäder bekannt.

BESICHTIGUNGEN

Kollegiatsstift und Schloß
Das Kollegiatsstift ist vermutlich 777 von Herzog Tassilo III. als Benediktinerkloster gegründet worden und gilt als eines der ältesten Baudenkmäler Österreichs. An der Stiftskirche, einer gotischen Pfeilerbasilika aus dem 13. Jh., sind der alte Taufstein und der spätgotische Kreuzgang mit schönen Grabsteinen bemerkenswert. Der hohe Turm wurde 1766 errichtet. Vom Schloß Mattsee aus dem 12. Jh. ist nur mehr der Südtrakt erhalten. Bajuwaren-Freiluftschau: *Mai und Sept. Sa, So und Feiertag 13–17, Juni bis Aug. tgl. außer Di 13–17, Juli und Aug. auch 10–12 Uhr, übrige Jahreszeit nach Anmeldung, bei Regenwetter geschl., Erw. 15 öS, Kinder 10 öS, Tel. 0 62 17/65 68*

RESTAURANTS

Iglhauser's Bräu
Mit Liebe zum Detail ausgestattetes, traditionsreiches Haus, hervorragende heimische Küche. *Schloßbergweg 4, Tel. 0 62 17/52 05, Kategorie 1*

Stiftskeller
Gediegenes Gasthaus mit österreichischer Küche. *Mattsee 10, Tel. 0 62 17/55 05, Kategorie 2*

HOTELS

Blüthl
Wird als »Vitalhotel« geführt. *24 Zi., Seestr. 8, Tel. 0 62 17/5 27 10, Fax 5 45 58, Kategorie 2*

Iglhauser's Bräu
Schon um 1200 wurden hier Gäste beherbergt. Gehört zur Gruppe der Schloßhotels und Herrenhäuser, gediegen-rustikal eingerichtet, Badestrand. *31 Zi., Schloßbergweg 4, Tel. 0 62 17/ 52 05, Fax 52 05 33, Kategorie 1*

AUSKUNFT

Fremdenverkehrsverband Mattsee
Schlosserweg 14 a, Tel. 0 62 17/61 60, Fax 74 21

ZIELE IN DER UMGEBUNG

Benediktinerabtei Michaelbeuern (**E 13**)
★ Der Ort entstand in der Nachbarschaft zur 977 gegründeten Benediktinerabtei. Die ursprünglich romanische Stiftskirche wurde gotisch und barock über-

SALZBURG UND FLACHGAU

formt und im 20. Jh. zum Teil neu erbaut. Der Hochaltar ist eine markante Arbeit von Meinrad Guggenbichler. Die Bilder stammen von Johann Michael Rottmayr. Die Bibliothek im Konventstock umfaßt 40 000 Bände, darunter die berühmte »Waltherbibel« von 1170.

Oberndorf (E 13)
Die Salzach zieht hier die Grenze zu Deutschland. Oberndorf bildete mit dem jenseits des Flusses gelegenen Laufen bis zum Wiener Kongreß 1815 einen einheitlichen Ort. Seine Bedeutung in der Geschichte errang Oberndorf durch die bereits 1278 gegründete Schiffergilde. Jahrhunderte hindurch existierte eine Schiffermiliz zum Schutz der Salztransporte auf der Salzach. Die Schiffertraditionen sind auch heute noch sehr lebendig. Die Stille-Nacht-Kapelle, eine Replik, erinnert an die Entstehung des berühmten Weihnachtslieds. Sehenswert ist auf einer Anhöhe die hochwertig ausgestattete, kleine barocke Wallfahrtskirche Maria Bühel, zu der man über eine steile Kalvarienbergstiege hinaufgelangt.

Kaiserbuche von Obertrum (E 13)
Das Heimatmuseum in Obertrum am See hat sich auf Weberei und Trachten spezialisiert *(Juni bis Sept. Di 17–19 Uhr, Eintritt frei, Tel. 0 62 19/63 03).* Gutes Restaurant: *Braugasthof Sigl (mit Bierbrunnen, Kategorie 2).* Auf dem Haunsberg nahe Obertrum steht an einem mit dem Auto erreichbaren ❈ Aussichtspunkt die von Kaiser Joseph II. gepflanzte, inzwischen mächtig große »Kaiserbuche«.

Mattsee – mit einem geschichtsträchtigen Stift als Zentrum

SALZKAMMERGUT

Geschätztes Refugium für Adel und Künstler

Die seenreiche und gebirgige Region bietet Wassersportlern und Kletterern ein reiches Betätigungsfeld

Seen, Salz, Kaiser Franz Joseph, Tradition und Brauchtum, »Weißes Rößl« und Dachstein, das sind die nächstliegenden Assoziationen zum Begriff Salzkammergut. Es hat Anteil an den Bundesländern Oberösterreich, Salzburg und Steiermark. Um keine Mißverständnisse aufkommen zu lassen: Die Stadt Salzburg war früher zwar durch eine niedliche Schmalspurbahn mit dem Salzkammergut verbunden, hat aber mit dem Territorium nichts zu tun. Vielmehr ist Bad Ischl die heimliche Hauptstadt des Gebiets, das allerdings keine politische und heute auch keine verwaltungstechnische Einheit mehr ist.

Von den sechsundsiebzig Seen – die größten sind der Mondsee, der Attersee, der Wolfgangsee und der Traunsee – sind die meisten zum Baden geeignet, doch sind etliche von ihnen nur nach einer strapaziösen Wanderung zu

Die Kaiservilla, Sommerresidenz von Kaiser Franz Joseph in Ischl

---

Hotel- und Restaurantpreise (Land Salzburg, Salzkammergut)

Hotels
Kategorie 1: ab öS 1200 (Sommer), 800 (Winter)
Kategorie 2: öS 600–1200 (Sommer), 450–800 (Winter)
Kategorie 3: öS 300–600 (Sommer), 250–450 (Winter)
Für eine Person im Doppelzimmer mit Frühstück. In Wintersportorten vertauschen sich Sommer- und Winterpreise.

Restaurants
Kategorie 1: öS 400–800
Kategorie 2: öS 250–400
Kategorie 3: öS 120–250

Die Preise gelten für ein Essen mit Vor-, Haupt- und Nachspeise. Getränke kosten wie überall sonst auch extra, und sie sind verhältnismäßig teuer.

erreichen. Einer von ihnen, der Toplitzsee, erscheint besonders geheimnisvoll. Kriegsschätze und Wunderwaffen aus dem Zweiten Weltkrieg sollen auf seinem Grund liegen. Ein Forschungsteam des Max-Planck-Instituts fand jedenfalls Kisten voller falscher Pfundnoten aus dem Dritten Reich.

Für Bergsteiger sind die drei markantesten Gebirgszüge, Dachstein, Totes Gebirge und Höllengebirge, ein äußerst attraktives Gelände. Die detailliert ausgearbeiteten Vorschläge, das Salzkammergut zu erkunden, reichen von gemächlichen Talwanderungen bis zu mehrere Tage dauernden Touren.

Ein Großteil des Toten Gebirges und mehr als die Hälfte der Dachsteingruppe bestehen aus einer Karstlandschaft. Der neu erschlossene *Heilbronner Rundwanderweg* bietet sich als einzigartiger Karstlehrpfad an. Dieser »Lehrweg« ist in 18 Stationen gegliedert und macht den Gast auf die speziellen Karstphänomene aufmerksam. Der mit der Dachsteinbahn Obertraun leicht zu erreichende Ausgangspunkt ist der Krippenstein in 2100 m Seehöhe. Die Gesamtwanderzeit beträgt rund $2^{1}/_{2}$ Stunden. Im Inneren der Felsmassen bildete sich in der Erdgeschichte eine Vielzahl von Höhlen. Almleute und Jäger nannten sie Wind- und Wetterlöcher und kannten viele ihrer Eingänge, aus denen im Sommer ein eisiger Lufthauch strömt, während es im Winter eher warme Luft zu sein scheint. Rund 200 km der Gänge sind erforscht, doch ist das nur ein Bruchteil. Die Erstbegehungen im vorigen Jahrhundert er-

forderten großen Mut, heute ziehen die Naturwunder, etwa die Eishöhlen des Dachsteins, Tausende von Besuchern an.

Die vielen Seen erinnern an die Eiszeit, als die Gletscher hier tiefe Wannen aus dem Gestein geschliffen haben. Die Gewässer sind übrigens sehr fischreich. Rheinanke, Waller, Seeschill, Äsche, Saibling und Felchen kommen daher sehr frisch auf den Teller in den vielen Ferienorten. Dem zweifelhaften »Fortschritt« in Gestalt von allzu vielen Straßen und Seilbahnen haben die Bewohner des Salzkammerguts widerstanden. Trotz des im 19. Jh. kräftig einsetzenden Tourismus haben sich die geradlinigen Menschen ihre Eigenart bewahrt, sind stolz auf ihre Eigenheiten – etwa auf die Trachten – und pflegen ihr vielfältiges Brauchtum nicht bloß den Gästen zuliebe. Volkskundler haben Traditionszusammenhänge bis zu den Kelten zurück festgestellt: »Einmal im Jahr schmücken diese Barbaren ihre Behausungen und feiern fröhlich lärmende Feste bei Tanz und Gesang…«, schrieb ein römischer Historiker.

Das Salz ist neben dem Tourismus noch immer ein wichtiger Faktor. Das Steinsalz, wie es sich in den Lagerstätten bei Hallstatt, Bad Ischl oder Altaussee findet, kommt als Trümmergestein im Berg vor. Es bildet »Salzstöcke« und füllt Klüfte und Hohlräume aus. Es wurden Funde gemacht, die zeigen, daß schon in prähistorischer Zeit Salz abgebaut worden ist. Seit Entdeckung der Heilkraft salzhaltiger Quellen entwickelte sich im Salzkammergut eine Reihe von Kurorten. Die Kur stellte sich als belebend für

SALZKAMMERGUT

die »generative« Kraft heraus. Nach Jahren der Kinderlosigkeit haben die Eltern des späteren Kaisers Franz Joseph 1830 endlich ihren ersehnten Erben erhalten. Er und die nachfolgenden Brüder gingen als »Salzprinzen« in die Geschichte ein.

GMUNDEN

(**G 7**) Der Ort mit rund 12 700 Einwohnern, der nach dem Zweiten Weltkrieg dank des Fremdenverkehrs zu blühen begann, ist malerisch am Nordufer des Traunsees gelegen. Der »Kammerhof« war Sitz des landesfürstlichen Salzamts für ganz Österreich. Er ist heute Standesamt und Museum. Seit 1862 ist Gmunden Kurstadt. Aus der alten Gmundner Töpferfabrik entwickelte sich 1916 die »Gmundner Keramik Ges.m.b.H.«. In der gotischen Pfarrkirche bestimmt der Hochaltar von Thomas Schwanthaler das Bild. Das Rathaus hat eine schöne Renaissancefassade und ein Glockenspiel aus Keramik. Das Landschloß Ort – es ist heute Forstschule – am Nordwestufer des Sees ist mit dem Seeschloß aus dem 11. Jh. durch eine 130 m lange Brücke verbunden. Der *Bahnhof Engelhof* ist der älteste noch im Betrieb befindliche Bahnhof Europas. Er stammt aus der Zeit der Pferdeeisenbahn Linz–Gmunden. Eine Gondelbahn führt auf den ❃ *Grünberg* (986 m).

RESTAURANT

Waldhotel Marienbrücke
Am Ufer der Traun gelegen gilt das Restaurant als Geheimtip im Grünen: weitläufiger Garten mit Sonnenterrasse, gute Speisenauswahl. *An der Marienbrücke 5, Tel. 0 76 12/6 40 11, Kategorie 1*

HOTEL

Parkhotel am See
Traditionsreiches Haus in idyllischer Parkanlage, mit Blick auf Gmunden, nur durch die Seepro-

MARCO POLO TIPS FÜR DAS SALZKAMMERGUT

1 Hallstatt
Malerisches Ortsbild mit alten Fischerhäusern, die schmalen Gassen steigen in Stufen vom Hallstättersee den steilen Berg hinan (Seite 50)

2 Dachstein-Eishöhle
Die für Besucher erschlossene Höhle zählt zu den großen eisführenden Höhlen der Erde (Seite 52)

3 Kaiservilla
Das für Kaiser Franz Joseph schloßartig erweiterte Biedermeier-Landhaus diente ihm 56 Jahre als Feriendomizil (Seite 53)

4 St. Wolfgang
Der Ort am Wolfgangsee wurde durch die Operette »Im weißen Rössl« weltberühmt (Seite 58)

menade vom Seeufer getrennt. *45 Zi., Schiffslände 17, Tel. 0 76 12/ 6 42 30, Fax 6 42 30 66, Kategorie 1*

AUSKUNFT

Kurverwaltung Gmunden
Am Graben 2, Tel. 0 76 12/6 43 05

ZIELE IN DER UMGEBUNG

Altmünster (G 7–8)
Der älteste Ort am Traunsee. Römer siedelten hier bereits, und schon zur Zeit der Karolinger gab es ein Kloster. Die Kneippanstalt von Altmünster hat einen guten Ruf. Der Allerheiligenaltar von 1518 in der spätgotischen Pfarrkirche hat ebenso wie die Epitaphien hohen künstlerischen Rang. Ausflugsziele sind der Wildpark Hochkreut und Schloß Ebenzweier.

Ebensee (G 9)
An der Mündung der Traun in den Traunsee gelegen, ist der Ort ein günstiger Ausgangspunkt für Bergtouren in das Tote Gebirge und in das Höllengebirge. In den Salzsudwerken wird das mit einer Soleleitung herantransportierte Salz verarbeitet. Eine Seilbahn führt auf den 1594 m hohen Feuerkogel.

Traunkirchen (G 8)
Die Lage auf einer Halbinsel, die in den Traunsee ragt, macht den Ort besonders anziehend. Hier stand ein 1020 gegründetes Frauenkloster, in dessen Umkreis sich die Siedlung entwickelte. Später war das Kloster Residenz des Passauer Jesuitenkollegs. Die Kirche Mariä Krönung, erbaut 1632 bis 1652, ist wegen der berühmten Fischerkanzel von 1753 und wegen des Klostergebäudes mit einem schönen Arkadenhof sehenswert. Die Johanniskapelle auf einem Felsen am See steht an einer Stelle, wo es früher einen römischen Tempel gab.

HALLSTATT

(G 15) ★ Der Ort liegt auf einem schmalen Uferstreifen vor steilem Gebirgshintergrund. Bis 1890 war er nur über den See zu erreichen. Das Ortsbild wird heute von alten Fischerhäusern bestimmt, die schmalen Gassen steigen vom Ufer an steil den Berg hinan.

Schon 4000 v. Chr. scheinen hier Bodenschätze abgebaut worden zu sein. In der ersten Hälfte des ersten Jahrtausends v. Chr. wurde Hallstatt zum Mittelpunkt einer von den Illyrern getragenen Hochkultur, wie man durch Forschungen seit Mitte des vorigen Jahrhunderts weiß. Inzwischen wurden rund 3000 Gräber mit teils überaus wertvollen Beigaben entdeckt. Die wichtigsten Funde sind im ehemaligen Stokkerhaus und im ehemaligen Schulhaus ausgestellt. Viele der fast 20 000 Fundobjekte werden im *Naturhistorischen Museum in Wien* aufbewahrt. Die Kelten und Illyrer nutzten die lokalen Salzvorkommen. In der Römerzeit standen am Ufer Villen. Das Salz wurde und wird in gelöster Form transportiert. Die Soleleitung, die von Hallstatt nach Ebensee führt und mit deren Bau 1595 begonnen wurde, ist somit die älteste Pipeline der Welt. Eine Sehenswürdigkeit ist der vor mehr als 200 Jahren gebaute, auf sieben steinernen Pfeilern ruhende Übergang über das Gosautal,

SALZKAMMERGUT

der *Gosauzwang*. Die Salzmenge, die in einer Stunde durch die Rohre fließt, könnte den Jahresbedarf einer Kleinstadt decken.

Die Pfarrkirche besitzt einen der schönsten geschnitzten Flügelaltäre Oberösterreichs. Im Karner werden rund 1800 Totenschädel aufbewahrt, von denen die meisten Namen und Jahreszahl sowie auch ein Blumendekor tragen. Die Entdeckung eines Gräberfelds am Hallstätter Salzberg Ende des 19. Jhs. mit 2000 Bestattungen von 900–400 v. Chr. machte Hallstatt weltberühmt. Seither wird die ältere Eisenzeit von Mittel- und Westeuropa und des Balkans als Hallstattzeit bezeichnet.

MUSEUM

Prähistorisches Museum und Heimathaus

Hier sind viele der bemerkenswerten Funde aus der Hallstattzeit zu besichtigen. *Im Sommer tgl.*

Blauer Himmel, Nebelschwaden über Hallstatt und dem See

mindestens 10–14 Uhr, sonst auf Anfrage, Erw. 40 öS, Tel. 0 61 34/82 08

RESTAURANT

Grillrestaurant Zauner
Von der Zirbenstube bietet sich ein ergiebiger Blick auf den malerischen Marktplatz. Spezialitäten sind gegrillte Fische und Filets. *Marktplatz 51, Tel. 0 61 34/82 46, Kategorie 2*

AUSKUNFT

Tourismusverband Hallstatt
8430 Hallstatt, Tel. 0 61 34/82 08

ZIEL IN DER UMGEBUNG

Dachstein-Eishöhle (**G 15**)
Zum Gemeindegebiet von Hallstatt gehört das Dachsteinmassiv. Der Dachstein galt noch im vorigen Jh., als die höchsten Alpengipfel bereits erstiegen waren, als unbezwingbar. Heute ist er durch eine Seilbahn erschlossen. Mehr als 2000 Anstiege aller Schwierigkeitsgrade sind inzwischen erfolgreich ausprobiert worden. Es gibt bequeme, gänzlich ungefährliche Wanderwege, Gletscherüberquerungen, Kletterpartien und Tagesmärsche.

★ Die *Dachstein-Eishöhle* ist nur 2 km lang, doch besteht sie aus einer gewaltigen Eismasse von rund 13 000 m^3, einer Oberfläche von 5000 m^2 und einer Eisdicke bis zu 17 m. Der Zugang ist von der Mittelstation der Dachstein-Seilbahn in Obertraun in wenigen Minuten zu erreichen. Auch zur 400 m tiefen Dachstein-Mammuthöhle – sie ist die tiefste Österreichs – gelangt man in ein paar Minuten von Obertraun mit der Krippensteinseilbahn.

BAD ISCHL

(**E 10–11**) 83mal hat sich Kaiser Franz Joseph in Bad Ischl aufgehalten. Hier fand, einen Tag nach seinem 23. Geburtstag, am 18. August 1853 die Verlobung mit der damals noch nicht 16 Jahre alten Prinzessin Sissi aus dem Hause Wittelsbach statt. Am Ufer der Ischl, die dem Ort den Namen gab, steht, umgeben vom Grün des Kaiserparks, Kaiser Franz Josephs Villa. Viele Adelige und Künstler, insbesonders aus dem Bereich der Operette, folgten seinem Beispiel. Am Ufer der Traun steht die Villa des Sängers Richard Tauber, und ein paar Häuser weiter findet sich Franz Lehárs prachtvolles Ischler Domizil. Hier schrieb er 24 seiner Operetten. Das dreigeschossige Haus, das der Komponist der Stadt vermachte, ist seinem Andenken gewidmet. Bruckner, Brahms, Lenau, Nestroy und der legendäre Bühnendarsteller Alexander Girardi waren häufige Gäste in Bad Ischl. Viele Maler ließen sich von der bizarren Bergwelt inspirieren. Damit wurde Bad Ischl zur klassischen Sommerfrische des alten Österreich. 1920 wurde Ischl zum Heilbad erklärt. Schon seit 1827 gibt es in Ischl ein Theater. Es wurde vom Kaiser aus seiner Privatschatulle gefördert. Lehár machte Ischl zu einem Zentrum der Operette, und auch Kálmán und Stolz trugen dazu bei. Im Zweiten Weltkrieg riß die Tradition ab, doch bildete sich die »Internationale Gesellschaft Die Operette«. Nach bescheidenen Anfängen mit konzertanten Aufführungen bildeten sich die »Ischler Operettenwochen«, die jährlich von Juli

SALZKAMMERGUT

bis September stattfinden. Rund 25 Aufführungen und ein Galakonzert stehen auf dem Programm. *Auskunft und Kartenvorverkauf: Wiesingerstraße 7, 4820 Bad Ischl, Tel. 0 61 32/2 36 77*

BESICHTIGUNG

Kaiservilla

★ Ein Mitteltrakt und ein Seitenflügel von Kaiser Franz Josephs Biedermeier-Landhaus dienen als Erinnerungsstätte. Am auffälligsten sind in den Vestibülen, Treppenhäusern und Sälen die vielen Jagdtrophäen. Jede davon ist mit Tag und Ort beschriftet. So sind 653 Auerhähne vermerkt, 18 031 Fasanen, 1442 Wildschweine, Schwarzkittel genannt, 2051 Gemsen und 1436 Hirsche. *April–Okt., tgl. 9.30–17, 26.–31. Dez. und 2.–4. Jan. 10–12, 14–16 Uhr, für Gruppen gegen Voranmeldung, Erw. 90 öS, Kinder 45 öS*

MUSEEN

Fotomuseum

Das Fotomuseum im Marmorschlößl des Kaiserparks enthält die bedeutende Privatsammlung von Hans Frank. Anhand vieler Objekte wird die Entwicklung der Fotografie von den diversen Erfindungen bis heute dokumentiert. *Marmorschlößl im Kaiserpark, April–Okt., tgl. 9.30–17.30 Uhr, Erw. 15 öS, Kinder 10 öS*

Lehármuseum

Ehemalige Villa des großen Operettenkomponisten, als Gedenkstätte eingerichtet. *Lehárkai 8, Mai–Sept. 9–12 und 14–17 Uhr, Weihnachten bis Neujahr für Gruppen gegen Voranmeldung, Tel. 0 61 32/ 2 69 92, Erw. 50 öS, Kinder 25 öS*

Museum für Fahrzeuge, Technik und Luftfahrt

Eine sehenswerte Dokumentation technischer Entwicklungen. *An der Bundesstraße nach Bad Goisern, April–Okt. tgl. 9–18 Uhr, Erw. 70 öS, Kinder 30 öS*

Stadtmuseum

Im ehemaligen Hotel Austria an der Esplanade, wo sich 1853 Kaiser Franz Joseph mit Elisabeth verlobt hatte, wurde 1985 das Heimatmuseum eingerichtet. Ein Großteil der Schau steht unter dem Motto »Vom Salzmarkt zum Kurort«. In einem Raum wird die Geschichte der Salzgewinnung dokumentiert. Stolz des Museums ist die aus vielen beweglichen Figuren bestehende Kalß-Krippe. *Di, Do–So 10–17, Mi 14 bis 19 Uhr, Erw. 40 öS, Kinder 20 öS*

RESTAURANTS

Hubertushof

Hotel mit rustikal eingerichtetenen Galerien. Bodenständige österreichische Küche. *Götzstr. 1, Tel. 0 61 32/2 44 45, Kategorie 2*

Weinhaus Attwenger

Neben der Lehárvilla an der Traun gelegen, bieten die vier Stuben und der Gastgarten ein angenehmes Ambiente. Hausmannskost sowie kreative, leichte Küche. *Lehárkai 12, Tel. 0 61 32/ 2 33 27, Kategorie 1–2*

Zauner Esplanade

Die Dependance der Konditorei Zauner. Malerischer Pavillon und baumbeschatteter Garten am Traunufer. K.u.k. Nostalgie bestimmt die Küche. Dreimal pro Woche Kurmusik. *Hasnerallee 2, Tel. 0 61 32/2 37 22, Kategorie 2*

Villa Schratt
Feinschmeckerlokal mit persönlich gestalteter Karte, leichte Art neuer österreichischer Küche. Es wird nur mit heimischen Produkten gekocht. *Steinbruch 43, Tel. 0 61 32/2 76 47, Kategorie 1*

HOTELS

Goldener Ochs
Sehr komfortabel, familiäre Atmosphäre, Pauschalkuren, Radverleih. *44 Zi., Grazerstr. 4, Tel. 0 61 32/ 23 52 90, Fax 23 52 93, Kategorie 1*

Goldenes Schiff
Gediegene Ausstattung, Balkons zum Garten oder zur Traun hinaus, Seminarräume, Radverleih. *2 Apartments, 48 Zi., Adalbert-Stifter-Kai 3, Tel. 0 61 32/24 24 10, Fax 2 42 41 58, Kategorie 1–2*

Kurhotel Bad Ischl
Komfortables Haus, Balkons, Park, Putting Green, Solehallenbad, Radverleih, Fitneß, Badeplatz am Wolfgangsee. *112 Zi., Voglhuberstr. 10, Tel. 0 61 32/204, Fax 276 82, Kategorie 1*

Stadt Salzburg
Das Hotel ist ein Zentrum der Fliegenfischerei, 42 km Traunfluß stehen dafür zur Verfügung. Gutbürgerlich geführt. *14 Zi., Salzburgerstr. 25, Tel. 0 61 32/ 23 56 40, Fax 2 35 64 24, Kategorie 2*

AM ABEND

Ins *Kurhaus,* wo Bälle und während der Operettenwochen Aufführungen stattfinden, kommen auch übers Jahr Tourneetheater. Vom 17. Mai bis 21. Juni spielt täg-

Zu Füßen des Trisselbergs – Altaussee und der gleichnamige See

SALZKAMMERGUT

> **Eiliger Gast**
>
> Der Wiener Literat Friedrich Torberg, der Altaussee zu seiner bevorzugten Sommerfrische gewählt hatte, setzte dem Salzkammergut in seinem Roman »Tante Jolesch« ein Denkmal. Darin kommt Herr Schraml vor, der Wirt des Gasthofs Zur Post. Ein deutscher Gast verlangt an einem sommerlichen Mittag im schattigen, direkt am See gelegenen Gasthausgarten immer wieder und immer lauter nach schnellerer Bedienung. Schließlich wird es dem Schraml-Toni zu dumm. Er tritt an den Tisch des penetrant Eiligen heran und fragt mit aller Höflichkeit, die einem österreichischen Gastwirt zur Verfügung steht: »Sagen Sie, bitte schön – sind Sie auf Urlaub oder auf der Flucht?«

lich an einem anderen Ort ein Quartett, und vom 23. Juni bis Ende September konzertiert mit wechselndem Schauplatz täglich das Kurorchester (im *Kurpark,* auf der *Esplanade,* in den *Trinkhallen* etc.). Besten Ruf genießen das *K & K Hofbeisl* und das *Stehbeisl Henckel* bei der Post. Sehr schön ausgestattet ist die Bar *Sissy.* Tanzlustige kommen in der *Hobl-Tenne* auf ihre Rechnung.

AUSKUNFT

Kurverband Bad Ischl
Bahnhofstr. 6, Tel. 0 61 32/2 77 57

ZIELE IN DER UMGEBUNG

Altaussee (G 12)
Der Kurort am gleichnamigen See ist eines der Fremdenverkehrszentren des steirischen Salzkammerguts. Die Kuranlagen sind auf Erkrankungen der Verdauungs- und Atmungsorgane spezialisiert. Sehenswürdigkeiten sind das seit dem 8. Jh. bestehende Salzbergwerk mit der Barbarakapelle (Barockaltar und Heiligenfiguren), die spätgotische Pfarrkirche St. Ägyd mit einem Sakramentshaus von 1520 und Gemälden von Leopold Kupelwieser, ferner die aus dem 17. Jh. stammende Dreifaltigkeitssäule, das Heimatmuseum und die Sammlungen des Höhlenforschers Karl Gaisberger. Schöne Ausflugsziele sind der Trattenbach-Wasserfall und die Rottenbachalm. Bergtouren, die keine Schwierigkeiten bieten, führen auf den Loser (1838 m) und auf den Schwarzmooskogel (1906 m).

Bad Aussee (G 12)
Der Hauptort des steirischen Salzkammerguts ist beliebte Sommerfrische und anerkanntes Heilbad in herrlicher Lage. Ihren Reichtum verdankt die kleine Stadt, die schon 1300 Markt gewesen ist, dem Salzbergbau. Davon zeugt der repräsentative gotische Kammerhof, der einst Sitz der Salinenverwaltung war und heute als Heimatmuseum eingerichtet ist. Besichtigenswert sind auf jeden Fall die Sudhäuser und der Salzberg. Zum Glanz des Städtchens tragen die gotische Pfarrkirche, die Spitalskirche aus dem 14. Jh. mit Fresken und gotischen Flügelaltären sowie die aus etwa derselben Zeit stammende Kalvarienbergkapelle bei.

Bad Goisern (**E 12**)
Funde aus der Hallstattzeit und römische Baureste weisen auf eine frühe Besiedlung hin. Heute ist Bad Goisern als Jodschwefelbad und Luftkurort geschätzt. Durch die Herstellung von Bergschuhen *(Goiserer)* machte sich der Ort einen Namen.

Die Pfarrkirche von 1437 ist zwar im 19. Jh. umgestaltet worden, hat aber immer noch eine künstlerisch wertvolle Ausstattung mit gotischen Skulpturen und einem Altargemälde von Kupelwieser.

Ein Sessellift bringt die Gäste zur Höhenpromenade. Recht leicht zu bewältigende Wanderungen führen auf den Predigtstuhl (1278 m).

Grundlsee (**G 12**)
Der Ort liegt am gleichnamigen See. Eine landschaftlich überaus ergiebige Drei-Seen-Tour schließt den Grundlsee, den größten im steirischen Salzkammergut, den Toplitzsee mit seinen sehenswerten Wasserfällen und den Kammersee mit dem Toten Gebirge im Hintergrund ein.

Katrin-Alm (**E 11**)
Einer der schönsten Aussichtspunkte im Salzkammergut ist die Katrin. In den viersitzigen Gondeln der Katrin-Seilbahn ist die 1414 m hohe Katrin-Alm in nur zwölf Minuten zu erreichen. Die Alm ist der Ausgangspunkt für viele Wanderungen, etwa hinauf zum Kaiser-Franz-Joseph-Kreuz (1542 m) und zum Fernsehsender, wozu nicht mehr als eine halbe Stunde nötig ist. Von dort bietet sich ein ✺ prächtiger Rundblick auf drei Täler des Salzkammerguts mit fünf Seen.

MONDSEE

(**B 8**) Das 748 vom Bayernherzog Odilo gegründete Stift Mondsee – es beherbergt bedeutende mittelalterliche Handschriften und Buchmalereien – war über 1000 Jahre kultureller Mittelpunkt des Mondseerlands. Aber das Gebiet war schon in der Steinzeit besiedelt und später von Illyrern, Kelten und Römern bewohnt. Die ehemalige Stiftskirche ist seit der Auflösung des Klosters 1791 Pfarrkirche zum hl. Michael. Mit ihrem Bau wurde 1470 begonnen. Das Innere ist ein klassischer gotischer Kirchenraum. Die Ausstattung aus dem 17. Jh. zählt zu den besten Werken der Salzburger Barockplastik.

Die Klostergebäude werden heute als »Schloß Mondsee« bezeichnet. Im ehemaligen Stiftsgebäude sind Teile des gotischen Kreuzgangs und der Kapitelsaal erhalten. Ein Bauernhaus mit zentral gelegener Feuerstelle, ein sogenanntes »Rauchhaus«, ist 1959 beim Bau der Autobahn abgetragen und unweit der Stiftskirche originalgetreu als Freilichtmuseum wieder aufgebaut worden. Ebenfalls sehenswert sind die ursprünglich gotische, später barockisierte Filialkirche Maria Hilf sowie die Rokoko- und Barockfassaden am Marktplatz. In der ersten Septemberwoche finden die »Mondseer Musiktage« statt.

RESTAURANTS

Krone
Gasträume mit schöner Atmosphäre. Regionale, aber auch internationale Küche. *Rainerstr. 1, Tel. 0 62 32/22 36, Kategorie 2*

SALZKAMMERGUT

La Farandole
Über dem Mondsee gelegen, Küche mit französischem Einschlag. *Schlößl 150, Tel. 0 62 32/ 34 75, Kategorie 1*

Plomberg-Eschlböck
Küche mit exzellentem Ruf, auf heimischen Produkten basierend, hohes Preisniveau. *Lorenz 41, Tel. 0 62 32/2 91 20, Kategorie 1*

HOTELS

Lackner
Direkt am See, solide ausgestattet. *16 Zi., Gaisberg 33, Tel. 0 62 32/ 23 59, Fax 23 59 50, Kategorie 2*

Seehof
Zimmer und Apartments mit jedem Komfort. Herrlicher Park, dazu ein eigener Strand, Tennisplatz, Sauna. Top-Adresse. *35 Zi., Au 30, Loibichl, Tel. 0 62 32/ 50 31, Fax 50 31 51, Kategorie 1*

AUSKUNFT

Fremdenverkehrsamt Mondsee
Dr.-Franz-Müller-Str. 3, Tel. 0 62 32/ 22 70 und 42 70, Fax 44 70 (ganzjährig geöffnet); Info-Stand Mondsee, Dachsteinstr. 2, Tel. 0 62 32/40 70 (nur Juli und August geöffnet)

ZIELE IN DER UMGEBUNG

Kammer-Schörfling (E 7)
Schörfling liegt auf einer Anhöhe, Kammer direkt am Ufer des Attersees. Das Schloß Kammer erhielt im 17. und 18. Jh. sein jetziges Aussehen. Am Ufer wurde ein prähistorisches Pfahldorf rekonstruiert. In der gotischen Pfarrkirche von Schörfling mit barocker Einrichtung fallen aufwendige Wappengrabsteine auf.

Oberwang (C 8)
Der Ort nördlich des Mondsees verdient wegen seiner zwei Kirchen Beachtung: Die barockisierte Pfarrkirche St. Kilian hat einen Hochaltar von Meinrad Guggenbichler, und die Kirche St. Konrad ist im ursprünglichen spätgotischen Stil erhalten.

Seewalchen (E 7)
Zu dieser Sommerfrische am Attersee gehört der Ortsteil Litzlberg mit einem interessanten Wasserschloß. Die Kirche verdient wegen ihrer gotischen Ausstattung Beachtung. In der Kirche des nahe gelegenen Orts *Gampern* ist ein schöner spätgotischer Flügelaltar zu sehen.

St. Lorenz (B 9)
Diese Sommerfrische am Mondsee besteht aus mehreren Ortsteilen *(Scharfling, Plomberg, Schwarzindien)* und liegt am Fuß der Drachenwand. Am Seeufer sind Reste eines urzeitlichen Pfahlbaudorfs zu besichtigen. Die barocke Pfarrkirche ist mit bewundernswerten Altären von Georg Doppler und Skulpturen von Meinrad Guggenbichler ausgestattet.

ST. GILGEN

(C 10) Der Name des Orts am Wolfgangsee leitet sich vom heiligen Ägydius ab. Das weitläufige Gemeindegebiet dieses Ferien-, Bade- und Wintersportorts reicht bis Burgau am Attersee und bis Ried am Wolfgangsee. Die Pfarrkirche von 1376 war ursprünglich gotisch, wurde aber 1767 neu errichtet. Erwähnenswert sind ferner die freskengeschmückte Friedhofskapelle, die reich bemalte Fassade des Hotels Post und der Mozartbrunnen. St. Gilgen ist der Geburtsort der Mutter Mozarts. Im Bezirksgericht ist eine Gedenkstätte eingerichtet mit Briefen, Noten und Gemälden *(Juni–Sept. tgl. außer Mo 10–12 und 14–18 Uhr, Erw. 10 öS, Kinder 5 öS)*. Im Heimatmuseum ist die Tonbildschau »St. Gilgen und die Mozarts« zu sehen. Bundeskanzler Kohl ist Ehrenbürger der Stadt, weil er hier seit vielen Jahren Urlaub macht. Die Wolfgangkapelle auf dem Falkenstein ist der Hauptpunkt einer Gruppe von Wegkapellen entlang des Wolfgang-Wallfahrtswegs. Sie steht an der Stelle einer ehemaligen Einsiedelei.

RESTAURANT

Timbale
Der Name heißt »Schüsselchen«, was auf die Kleinheit der Speisen hinweisen mag, die aber durch Qualität beeindrucken. *Fürberg, Tel. 06227/ 75 87, Kategorie 2*

HOTEL

Billroth
Elegantes Haus mitten in einem Park am Seeufer, liebevoll-traditionell geführt. *43 Zi., Tel. 06227/ 22 17, 22 18, Fax 22 18 25, Kategorie 1*

AUSKUNFT

Fremdenverkehrsverband St. Gilgen
Mozartplatz 1, Tel. 06227/2 34 80; am Raiffeisenplatz gibt es auch einen Info-Stand mit Zimmernachweis

ST. WOLFGANG

(**C 10**) ★ Den Markt am Ufer des Wolfgangsees hat die Operette »Im weißen Rössl« (1931) von Ralph Benatzky berühmt gemacht. Auf der Seepromenade steht dessen Denkmal und das von Robert Stolz. Der Legende nach soll 976 der hl. Wolfgang, Bischof von Regensburg, hier ein Kirchlein gegründet haben. Im Mittelalter war St. Wolfgang ein beliebter Wallfahrtsort. Bis zu

Das Rathaus von St. Gilgen am Wolfgangsee

SALZKAMMERGUT

20000 Pilger kamen im Jahr. Heute sind es an Spitzentagen bis zu 25000 Gäste. Auf der Rössl-Terrasse werden an die 3000 Portionen Kaffee serviert.

BESICHTIGUNGEN

Pacher-Altar
In der Pfarrkirche zieht der geschnitzte Flügelaltar von Michael Pacher (1481) die Aufmerksamkeit der Besucher auf sich. Er und jener von Kefermarkt in Oberösterreich sind wohl die schönsten spätgotischen Flügelaltäre Österreichs. Künstlerisch hochwertig sind der barocke Doppelaltar von Thomas Schwanthaler (1676) und der »Schmerzensmann« von Meinrad Guggenbichler (1706). *Führungen, Tel. 06138/2321*

Schafberg
Mit der Schafberg-Zahnradbahn fahren Sie auf den Schafberg (1783 m). Schöner Rundblick auf Berge und Seen des Salzkammerguts. *Betrieb Mai–Okt. tgl. 8.35 bis 16.45, 21. Juni–19. Sept. bis 18.25 Uhr, Erw. Berg- und Talfahrt 200 öS (Bergfahrt 110 öS), Kinder 100 bzw. 55 öS, Tel. 06138/2232*

Wolfgangsee
Schiffahrt nach St. Gilgen und Strobl. *Mai–Okt. tgl. 8–19.05, 21. Juni–19. Sept. bis 20.30 Uhr, Fahrpreise, z.B. St. Gilgen–St. Wolfgang: Erw. 44 öS, Kinder 22 öS, Tel. 06138/2231*

MUSEUM

Puppenmuseum
Puppen unter sich. *Villa Bachler-Rix, tgl. 10–12 und 14–17 Uhr, Erw. 35 öS, Kinder 20 öS*

RESTAURANT

Lachsen
Schöne Lage vor einer Wiese, schattiger Garten, Terrasse, Spezialitäten sind die heimischen Fische. *Ried 5, Tel. 06138/2432, Kategorie 1*

HOTELS

Appesbach
Ruhig, ein wenig außerhalb des Orts direkt am See und an einem Park gelegen. Komfortabel eingerichtete, meist zum See hin ausgerichtete Zimmer. *25 Zi., Au 18, Tel. 06138/2209, Fax 220914, Kategorie 1*

Cortisen
Lage direkt am See, eigener Badeplatz, dazu ein schöner großer Garten. Bestens ausgestattete Zimmer, zwei Studios, drei Maisonetten. *40 Zi., Markt 15, Tel. 06138/2367, Fax 236744, Kategorie 1*

Margaretha
Im Landhausstil mit Terrasse und blumengeschmückten Balkons, Liegewiese am Strand. *43 Zi., Robert-Stolz-Str., Tel. 06138/2379, Fax 237922, Kategorie 3*

Im Weißen Rössl
Das Seehotel gilt als Fremdenverkehrsattraktion. Großzügig ausgestattet, stilvoll eingerichtet, mit Seeblick und Dampfbad. *Do und Fr Operettenabend, 72 Zi., Markt 74, Tel. 06138/23060, Fax 230641, Kategorie 1*

AUSKUNFT

Kurverband St. Wolfgang
Pilgerstraße 28, Tel. 06138/2239

TENNENGAU UND PONGAU

Erbschaft der Urzeit – Salz, Marmor, heilendes Wasser

Wilde Natur und ein Spielplatz für die Prominenz der Welt

Der *Tennengau* zwischen Untersberg und Dachstein, entlang von Salzach und Lammer, ist der kleinste und jüngste der Salzburger Gaue (seit 1896), aber zugleich, historisch gesehen, der wichtigste. Denn hier liegen, auf dem Dürrnberg über Hallein, die Salzlagerstätten, die dem Land den Reichtum gebracht haben. Der Name kommt vom Tennengebirge, das mit seinen über 2300 m hohen Bergspitzen das Salzachtal im Süden abzuriegeln scheint. Die Ablagerungen jenes Meeres, von dem das ganze Territorium in Urzeiten bedeckt war, wurden für den Tennengau ausschlaggebend. Aus ihnen bildeten sich in der Erdgeschichte das Salz und der Marmor. Der Marmor des Untersbergs und der rötliche aus Adnet werden weitum geschätzt. Der Markt Adnet konnte es sich leisten, einen Teil der Straßen und Bürgersteige mit dem roten Stein zu pflastern. Die Mariensäule auf dem Münchner Marienplatz ist aus Adneter Marmor, aber auch ein Altar in der Jerusalemer Grabeskirche sowie der Sarkophag Kaiser Friedrichs II. im Wiener Stephansdom und der von Veit Stoß geschaffene Grabbau König Kasimirs IV. Jagiello in Krakau. Heutzutage werden die Marmorblöcke mit Seilsägen aus den Hängen geschnitten.

Die Stadt Hallein, wo früher auf der von der Salzach gebildeten Pernerinsel das auf dem Dürrnberg gewonnene Salz verarbeitet wurde, ist der Hauptort des Tennengaus, der nicht mehr als 668 qkm ausmacht. Die 50 000 Einwohner verteilen sich auf 14 Ortschaften. Man ist für rund 15 000 Übernachtungsgäste gerüstet. Bei der Einstellung der Salzgewinnung in Hallein 1989 wurden zuletzt 40 000 Tonnen Industriesalz jährlich produziert. Wohl hat sich in der Stadt sehr viel Industrie angesiedelt. Dennoch konnte sich hier, in Verbindung mit dem Ortsteil Dürrnberg und dessen Kurein-

Die Sulzenalmhütte mit Blick auf die Bischofsmütze

MARCO POLO TIPS
FÜR TENNENGAU UND PONGAU

1 Eisriesenwelt bei Werfen
Eine riesengroße Eishöhle. Bisher sind 47 km des Gesamtnetzes erforscht (Seite 70)

2 Keltenmuseum
Das bedeutende Halleiner Museum dokumentiert wertvolle Funde der keltischen Kultur, die in Gräberfeldern auf dem Dürrnberg gemacht wurden (Seite 71)

3 Salzbergwerk
Besucher des Schaubergwerks auf dem Dürrnberg fahren auf Grubenhunten ein und erleben eine Darstellung des vorzeitlichen Salzbergbaus (Seite 71)

---

richtungen, auch der Sommertourismus gut entwickeln.

Im Süden von Hallein ist Vigaun seit 1985 zum größten Kurzentrum des Tennengaus geworden, nachdem man auf eine Natrium-Calcium-Chlorid-Sulfat-Therme gestoßen war.

Westlich von Kuchl liegt am Fuß des Hohen Göll (2523 m) der Naturpark Kühschwalb mit seinen Almweiden. Im Osten erstreckt sich eine Art Mittelgebirge mit weitläufigen Hügeln und Buckelbergen. Dort wachsen Hahnenfuß, Rosenwurz, Kreuzkraut und Bergdistel. In Krispl steht die schindelverkleidete Dorfkirche Peter und Paul, und neben dem Brunnen findet sich in einem alten Bauernhaus die kleinste Poststelle des Landes. Von Krispl ist es nicht weit zum Wiestal-Stausee, wo gebadet, geangelt und gesurft wird. Ein Weg am Karergrabenbach führt zum 20 m hohen Kesselwand-Wasserfall. Eines der Streudörfer ist St. Koloman, wo man auf das Bauerntheater im Gasthaus Goldener Stern stolz ist.

In der Umgebung zeigt ein Gletscherschliff glatte abgetreppte Flächen, die das Eis einst aus dem Fels herausgearbeitet hat. Andere bizarre Wasserfälle und Klammen in der Gegend sind die kaum 2 m breite und 30 m tiefe Strubklamm, und die eindrucksvollste Naturerscheinung im Tennengau ist der Gollinger Wasserfall, der vom Kleinen Göll zuletzt in einer 25 m hohen Kaskade herabstürzt.

Eine Spezialität des Tennengaus sind die vielen Mühlen. In der Vergangenheit müssen es Hunderte gewesen sein. Die meisten sind abgebrochen worden, doch etliche haben sich erhalten und sind auch noch in Betrieb: in St. Koloman am Kolomansbach; in Golling am Zugang zum Wasserfall; in Abtenau neben dem Denkmalhof Arlerhof; in Scheffau die Winklermühle am Schwarzenbach, der zum Winnerfall hinaufführt.

Der *Pongau* liegt in der Mitte des Salzburger Lands. Im Süden reicht er bis an die Hohen Tauern, im Osten bilden die Rad-

TENNENGAU UND PONGAU

städter und Schladminger Tauern die Grenze, im Westen verläuft sie zwischen Steinernem Meer und Hochkönig und entlang des Gasteinertals. Rund 68 000 Bewohner leben in 25 Orten.

Am Ende der düsteren Lichtensteinklamm in St. Johann stürzt ein Wasserfall herab.

Kulturell wird im Pongau schon immer einiges geboten. In Altenmarkt wurde im ausgehenden 18. Jh. »Die Comedy vom Jüngsten Gericht« mit 105 Mitwirkenden aufgeführt. Es heißt, daß einige Zuschauer darüber wahnsinnig geworden sein sollen. Heute betreibt in Flachau im Juli und August Herbert Lederer als Einzeldarsteller sein »Theater im Pongau«. Abseits von der Hauptverkehrsverbindung durch das Salzachtal liegt Goldegg mit einer alten Burg, die sich im Moorsee spiegelt. Hier finden Konzerte und Ausstellungen statt. Die »Goldegger Dialoge« mit Ärzten und Wissenschaftlern aus anderen Disziplinen sind alljährlich Themen aus der Medizin gewidmet.

Das 37 km lange Gasteinertal ist das längste aller Tauerntäler. An seinem Ende setzt ein Wasserfall einen dramatischen Akzent. Noch 220 Bauernhöfe werden bewirtschaftet. Die Tauernbahn durch das Tal, von 1901 bis 1908 erbaut, galt als technische Kühnheit. Vom hintersten Ort, Böckstein, führt ein Tunnel nach Sportgastein, einem idealen Skigebiet. Der Radonstollen in Böckstein und 18 Heilquellen im Tal sind die Basis für attraktive Kurbetriebe.

Über die Radstädter Tauern führte jahrtausendelang die nach dem Brenner wichtigste Paßstraße. 1908 versuchte es der erste Autobus; 1929 stand da das erste Hotel. Mittlerweile wurde daraus – mit Obertauern als Zentrum – ein Wintersportgebiet von Weltruf. Obertauern zählt 10 000 Gäste im Jahr; nur zwölf Prozent davon kommen im Sommer. Ihnen stehen nur 140 Einheimische gegenüber.

Radstadt, Altenmarkt-Zauchensee, Kleinarl, Flachau, Wagrain, St. Johann, Eben und Filzmoos haben sich zur ☨ *Sportwelt Amadé* zusammengeschlossen. Warum dafür der Vorname Mozarts herhalten mußte, ist unklar. Die Verantwortlichen sprechen stolz von 120 Liftanlagen, die stündlich 115 000 Personen befördern können. 320 km Abfahrten stehen zur Verfügung. Alle Anlagen können in einem Tarif-Verbundsystem genützt werden. Zentralort der Region ist Flachau, wo es auch eine Flutlichtpiste gibt (und außerdem eine 850 m lange Sommerrodelbahn mit einem Höhenunterschied von 165 m). Flachau ist Ausgangspunkt zu drei Skischaukeln: zur 3-Täler-Skischaukel Flachau–Wagrain–St. Johann; zur Skischaukel Flachauwinkel–Kleinarl; zur Skischaukel Flachauwinkel–Zauchensee. Mit 70 Liften und Bergbahnen erschließen sie 170 km Abfahrten.

Einer der Punkte, wo man sich einklinken kann, liegt direkt an der Ausfahrt der Tauernautobahn: »Tauern-Ski-Autobahn«. Auch Langläufer finden attraktive Bedingungen vor. Von Flachau können insgesamt 220 km ständig präparierte, davon 160 km zusammenhängende Loipen genützt werden, darunter die 40 km lange Ortsloipe und die 50 km lange Tauernloipe. Die *Sportwelt Amadé* tut was für Anfänger, erlaubt aber andererseits auch die Ausübung von Extremsportarten wie *Freestyle,* eine Art von Skiakrobatik auf der Buckelpiste, und *Para-Ski,* eine Kombination aus Skifahren und Fallschirmspringen.

Dem Vorwurf der Übererschließung halten die Verantwortlichen entgegen, daß die bewaldeten Flächen in der *Sportwelt Amadé* seit 1950 in vier Jahrzehnten um 5000 Hektar zugenommen hätten. Der Waldzuwachs sei rund fünfmal höher als die Flächen, die von den nun zusammenhängenden Skigebieten beansprucht würden.

ABTENAU

(**F 15**) Abtenau, lammeraufwärts gelegen, ist die von Gästen meistfrequentierte Gemeinde im Tennengau. In zwei Sportschulen wird Drachenfliegen, Kajakfahren, Klettern und anderes gelehrt. Riverrafting und Schlauchboottouren sind sehr begehrt. Eine Mautstraße führt von hier auf die 40 qkm weite Postalm, die größte Hochalm Österreichs mit vielen Wanderwegen. Ehrgeizige können die »Enzian mit Goldkranz«-Nadel erringen.

Diese Marktgemeinde im oberen Lammertal ist ein beliebter Ferienort, dessen Kuranlagen schwefelhaltige Kochsalzquellen bieten. Die Fresken und künstlerisch wertvollen spätgotischen Figuren in der Pfarrkirche sind sehenswert. Durchaus lohnende Ausflugsziele sind die Abtenauer Wasserfälle (Dachserfall und Tricklfall) und die Tricklfallhöhle *(30 Min. vom Ort).*

RESTAURANT

Hotel Post
Treffpunkt der Einheimischen. Bodenständige Küche. *Markt 39, Tel. 0 62 43/22 09, Kategorie 3*

HOTELS

Moisl
Zentral, neben der Kirche. Komfortabel ausgestattete Zimmer, Solarium, Dampfbad, Sauna, Kegelbahn, Schießstand, zwei Sand-Tennisplätze, ein Kinderspielplatz. *75 Zi., Markt 26, Tel. 0 62 43/ 22 32, Fax 2 21 06 12, Kategorie 1*

Roter Ochs
In der Fußgängerzone; mit Komfortzimmern, Sauna, Dampfbad, Solarium, Wochenprogramm. *57 Zi., Markt 32, Tel. 0 62 43/22 59, Fax 22 59 59, Kategorie 2*

AUSKUNFT

Fremdenverkehrsverband Abtenau
Markt Nr. 34, Tel. 0 62 43/229 30

ZIEL IN DER UMGEBUNG

Annaberg–Lungötz (**F 15**)
Eine schön gelegene Sommerfrische zwischen Tennengebirge und Dachsteinmassiv, ein attraktives Skigebiet. Zwischen Annaberg und St. Martin liegt die Salzburger Dolomitenstraße wild-romantisch in der Hochgebirgslandschaft. Hotels: *Sporthotel Dachstein-West in Annaberg, Tel. 0 64 63/84 66, Fax 84 66 53, Kategorie 1; Lungötzerhof in Lungötz, Tel. 0 64 63/212, Fax 2 12 13, Kategorie 2*

ALTENMARKT

(**F 16**) Der langgestreckte Markt gilt als der älteste Ort des Ennstals

TENNENGAU UND PONGAU

und ist Zentrum eines bedeutenden Wintersportgebiets. Er war ein Stützpunkt auf der alten Römerstraße nach Norden. Die Dekanatskirche ist eine, wenn auch später überformte, frühgotische Basilika mit romanischem Kern. Berühmt ist die »Madonna von Altenmarkt«, eine Muttergottesstatue von 1393 aus Kalkstein vom Typus der »Schönen Madonnen« mit ausgeprägtem Faltenwurf. Im Volksmund heißt sie »Madonna von der Tanne«. Die Madonna wurde zu einem viel besuchten Gnadenbild. Insbesondere Mütter mit kranken Kindern wandten sich an sie.

MUSEEN

Gerätemuseum
Landwirtschaftliche Geräte in der alten Tenne des Dekanatshofs. *Hinter der Kirche, Mo, Mi, Fr 16 bis 18 Uhr, Erw. 20 öS, Kinder 10 öS*

Heimatmuseum
Im »Bruderhaus« an der Hauptstraße: eine reiche volkskundliche Sammlung; die Tradition des Volksschauspiels ist hier dokumentiert. *Mo, Mi, Fr 16–18 Uhr, Erw. 35 öS, Kinder 25 öS*

RESTAURANTS

Markter Wirt
Bodenständige Küche. *Marktplatz 4, Tel. 0 64 52/54 20, Kategorie 2*

Gasthof Neuwirt
Regionale, deftige Kuche. *Hauptstraße 37, Tel. 0 64 52/5 41 50, Kategorie 3*

Café Rosner
❂ Das Café und Restaurant ist ein beliebter Treffpunkt für Einheimische. *Marktplatz 44, Tel. 0 64 52/43 93, Kategorie 3*

AUSKUNFT

Fremdenverkehrsverband Altenmarkt-Zauchensee
Sportplatzstr. 486, Tel. 0 64 52/55 11. Gamskogelbahn (Doppelsessellift) in Zauchensee mit Sommerbetrieb. *Tel. 0 64 52/40 00*

ZIELE IN DER UMGEBUNG

Filzmoos (G 16)
❋ Schön gelegenes Gebirgsdorf vor der Kulisse des Dachsteinmassivs und am Fuß der Bischofsmütze. In der gotischen Pfarr- und Wallfahrtskirche sind das »Filzmooser Kindl« von 1500 und Freskenreste von 1515 zu sehen. Eine Mautstraße führt auf die Hofalm, der Großbergsessellift hat Sommerbetrieb. Außer Wintersport bietet Filzmoos schöne Wandermöglichkeiten. Eine beliebte Beschäftigung ist das Angeln (Fliegenfischen). Das *Hotel Hubertus* im Zentrum *(17 Zi., 7 Apartments)* betreibt ein Spitzenrestaurant mit internationaler und heimischer Küche. *Tel. 0 64 53/204, Fax 20 60, Kategorie 1*

Obertauern (G 16)
Obertauern auf der Paßhöhe (1739 m) des Radstädter Tauern ist ein Wintersportort mit allen Finessen. In Untertauern gibt es einen Wildpark und einen Streichelzoo (Tauernkaralm). *Tel. 0 64 55/238.* Restaurants: *Alte Post in Untertauern (Kategorie 1); Lürzer Alm in Obertauern (Kategorie 2)*

Radstadt (G 16)
Der Kern von Radstadt ist von einer Stadtmauer und einem Was-

sergraben von 1231 umgeben, die Rundtürme stehen seit 1534. Das Heimatmuseum Schloß Lerchen zeigt Darstellungen der Römerzeit, der Bauernkriege und der Protestantenemigration, ferner volkskundliche Sammlungen und Mineralien. *Juni bis 15. Okt. tgl. 10–12 und 15–17, im Mai und Weihnachten bis Ostern tgl. 10–11 und 15–16 Uhr; Eintritt: Erw. 20 öS, Kinder 8 öS, Tel. 0 64 52/63 74.* Restaurant: *Stegerbräu* (alte Bausubstanz, *Kategorie 2*)

BAD GASTEIN

(F 17) Die aus der zweiten Hälfte des 19. Jahrhunderts stammende Architektur der städtisch wirkenden Hotelburgen dieses Weltkurorts kontrastieren drastisch zum alpinen Gelände. Ein Wasserfall tost effektvoll durch die Ortsmitte. Die Heilquellen wurden schon in der Römerzeit genutzt. Im Mittelalter gab es ein Badehospiz, und später wirkte hier der Arzt Paracelsus. Es gibt 17 heiße, radonhaltige Quellen für Bade- und Trinkkuren. Das warme Wasser speist auch etliche Frei- und Hallenbäder, darunter das eindrucksvolle »Felsenbad«. Eine Million Liter des Gasteiner Thermalwassers strömen täglich durch die Felsenhalle, durch das heiße Sprudelbecken im Freien, durch Felsengrotte und Sportbecken. Besonders attraktiv ist das Baden im Freien, auch während des

Landschaft bei Filzmoos – ein Dorado für Wanderer und Bergsteiger

TENNENGAU UND PONGAU

Winters. Gut angelegte Promenadenwege führen durch den Ort und in die Umgebung. Sehenswert ist übrigens die Nikolauskirche mit spätgotischen Fresken. Bad Gastein ist Kurort und ein ✝ Wintersportzentrum mit einer Gondelbahn auf den Stubnerkogel sowie vielen Sessel- und Schleppliften. Ziele für Bergtouren sind der Stubnerkogel (2245 m, **E 17**), der Zitterauer Tisch (2461 m, **E 17**), der Hüttenkogel (2231 m, **F 17**), der Graukogel (2497 m, **F 17**), der Palfnersee (2070 m, **F 17**) und der Untere Bockhartsee (1850 m, **E 17**). Über die Gasteiner Alpenstraße ist durch einen Tunnel das prächtige Skigebiet Sportgastein zu erreichen.

RESTAURANTS

Brasserie Hotel Villa Solitude
Österreichische und internationale Küche. *Kaiser-Franz-Joseph-Str. 16, Tel. 0 64 34/51 01, Kategorie 2*

Rößlstube
Gehört zum Hoteldorf Grüner Baum. Bodenständige Küche erster Qualität. *Kötschachtal, Tel. 0 64 34/2 51 60, Kategorie 1*

HOTELS

Golfhotel Montana
Gemütliches und gut ausgestattetes Haus im Landhausstil mit blumengeschmückten Balkonen. *23 Zi., Miesbichlstr. 24, Tel. 0 64 34/3 31 60, Fax 33 16 10, Kategorie 2*

Haus Hirt
Hier mischen sich Tradition und Moderne. Einige Gästezimmer liegen auf zwei Ebenen. Eindrucksvolles Frühstücksbuffet. *13 Zi., 13 Suiten, Kaiserpromenade, Tel. 0 64 34/27 97, Fax 27 97 48, Kategorie 1*

Hoteldorf Grüner Baum
Hier ist, angefangen bei Kaiserin Elisabeth bis zu Bruno Kreisky, schon viel Prominenz abgestiegen. Unkompliziertes Haus mit ländlicher Note. Hallenbad und Schönheitsfarm. *88 Zi., Kötschachtal, Tel. 0 64 34/2 51 60, Fax 25 16 25, Kategorie 1*

Lindenhof
Mitten im Ort gelegen, einfache Zimmer, große Fenster, Balkone. *23 Zi., Poserstr. 2, Tel. 0 64 34/26 14, Fax 26 14 13, Kategorie 2*

AUSKUNFT

Kur- und Fremdenverkehrsverband Bad Gastein
Kurverwaltung, Kaiser-Franz-Joseph-Str. 27, Tel. 0 64 34/2 53 10, Fax 25 31 37; Zimmervermittlung ebenfalls unter Tel. 06434/2 53 10

Kur- und KongreßbetriebsgmbH. Bad Gastein
Kaiser-Franz-Joseph-Str. 1, Tel. 0 64 34/2 53 50

Fremdenverkehrsverein der Feriendörfer Badbruck, Kötschachdorf, Remsach
Tel. 0 64 34/24 50

ZIELE IN DER UMGEBUNG

Dorfgastein (**E 17**)
Ein bedeutender Fremdenverkehrsort ist auch Dorfgastein. Die Burg Klammstein, heute Ruine, ist das älteste Bauwerk des Tals. Hier war bis ins 16. Jh. der Sitz der Verwaltung und der Gerichtsbarkeit. Im restaurierten Turm sind zahlreiche Schau-

stücke aus der Burggeschichte zu sehen. Themen sind »Die Jagd«, die »Zufahrt ins Gasteiner Tal« und eine Mineralienschau. *(Tgl. ab 14 Uhr Führungen, Eintritt Erw. 30 öS, Kinder 20 öS, Tel. 06433/ 7603)* Die *Entrische Kirche* ist eine Tropfstein-, Trocken- und Wasserhöhle. In der Zeit der Gegenreformation hielten Protestanten im »Fledermaus-Dom« (heute Gedenkstätte) geheime Versammlungen ab. Seit 1983 findet hier jährlich ein Höhlengottesdienst statt. *Führung: 21. März bis Ende Sept. tgl. außer Mo 11, 12, 14, 15 und 16, Juli/Aug. auch 10, 17 und 18 Uhr (auch Mo), Erw. 90 öS, Kinder 50 öS, Tel. 06433/7695*

Bad Hofgastein (**E 17**)
Bad Hofgastein ist wie Bad Gastein ein angesehener Kurort und als Thermalheilbad bekannt. Das Wasser wird von Bad Gastein hergeleitet. In dieser ältesten Siedlung des Tals wurde schon in der Römerzeit nach Gold und Silber geschürft. Von 1300 bis 1600 hatte der Bergbau große Bedeutung. Aus dieser Zeit stammen sehenswerte Gewerkenhäuser. Die spätgotische Pfarrkirche hat eine künstlerisch wertvolle barocke Inneneinrichtung. Die *Schloßalmbahn* führt auf den Kitzstein (1302 m), weiter führt eine Seilschwebebahn auf die Kleine Scharte. Ferner gibt es noch mehrere Sessel- und Schlepplifte.

Die Gadaunererschlucht ist ein gut erschlossenes Naturdenkmal, das *Weitmoserschlößl* ein typischer spätgotischer Salzburger Adelssitz, heute ein Café-Restaurant *(Kategorie 2).* Im Ort gibt es 40 Hotelbetriebe der Kategorie 1, z. B.: *Hotel Tirol (Tel. 06432/6394,* *Fax 639486)* oder *Salzburger Hof (Tel. 06432/6230, Fax 623070).*

BISCHOFSHOFEN

(**F 16**) Die älteste Siedlung des Pongaus geht wahrscheinlich auf eine Missionsstation des hl. Rupert zurück. Am südlich gelegenen Mitterberg wurde bereits in vorgeschichtlicher Zeit Kupfer abgebaut. In historischen Dokumenten heißt der Ort um 700 *Pongo*. Seit ihn die Bischöfe von Chiemsee zu ihrem Sitz machten (1215 bis 1807), ist die heutige Bezeichnung gebräuchlich. Die Pfarrkirche, einst Klosterkirche, war ursprünglich romanisch, sie wird bereits um 696 erwähnt. Der jetzige dreischiffige Bau stammt aus dem 15. Jh. Im Kirchenraum sind bedeutende spätgotische und frühbarocke Fresken zu sehen. Bemerkenswert ist ein gotisches Marmorhochgrab, das einzige seiner Art im Salzburger Land. Im Sommer stehen in der Kirche 6 bis 10 m hohe, mit bunter Wolle umwickelte »Prangstangen«, die am »Prangtag« (Fronleichnam, Johannis-, Peters- oder Michaelitag) von den ledigen Burschen über die Felder getragen werden. Sie sollen Schutz vor Reif und Schnee bewirken.

Im Pfarrhaus *(Moßhammerplatz 2)* wird ein Kunstwerk von europäischem Rang aufbewahrt: das Rupertikreuz, das aus dem späten 8. Jh. stammt. Aus dieser Zeit ist kein weiteres Kreuz von diesen Dimensionen (158 cm hoch) bekannt. Es ist einfach gearbeitet. Die Konstruktion ist aus Holz, das mit feuervergoldetem Kupferblech beschlagen ist, an einigen Stellen sind runde Emaille-

TENNENGAU UND PONGAU

plättchen eingefügt. Es ist dem Typus nach ein irisches Schaufelkreuz, das an die Missionierung des Salzburger Lands durch irische Geistliche erinnert.

Auch die Georgskirche aus dem 15. Jh. ist mit bedeutenden Fresken ausgestattet; sie dient heute als Kriegergedächtniskapelle.

30 Minuten vom Ort trifft man oberhalb des Gainfeldwasserfalls (ein Naturdenkmal) auf die Ruine Bachsfall, eine Anlage aus dem 12. Jh. Der Götschenberg nicht weit davon – auch hier gibt es Reste einer mittelalterlichen Burg – ist eine prähistorische Fundstätte. Hier wurde Kupferkies abgebaut.

RESTAURANTS

Alte Post
Gediegenes Haus, österreichische Küche. *Alte Bundesstr. 5, Tel. 06462/23 07, Kategorie 2*

Tirolerwirt-Weinbeißer
Bodenständiges Gasthaus, heimische Küche. *Gasteiner Str. 3, Tel. 06462/27 76, Kategorie 2–3*

Bad Hofgastein – als Kurort und Thermalbad bekannt und beliebt

AUSKUNFT

Fremdenverkehrsverband Bischofshofen
Salzburger Str. 1, Tel. 0 64 62/24 71

ZIEL IN DER UMGEBUNG

Eisriesenwelt (**F 15**)

★ Eindrucksvoll ist die Eisriesenwelt bei Werfen, die 1879 in der steilen Westwand des Hochkogels entdeckt wurde. Das bisher erforschte Gesamtnetz ist 47 km lang. Vom Eingang, der auf 1641 m liegt, führt der mächtige Hauptgang, überreich mit Eismassen »geschmückt«, 120 Höhenmeter steil bergan und geht dann auf einer durchschnittlichen Höhe von 1750–1780 m in ein ausgedehntes Tunnelsystem über. Verzweigte Labyrinthe flankieren den Hauptgang. Hallen, Dome und Tunnels tragen einerseits Phantasienamen wie »Großer Eiswall«, andererseits weisen Bezeichnungen aus der nordischen Sagenwelt wie »Hymirburg«, »Niflheim« oder auch »Eisorgel« auf die Wagner-Begeisterung der Entdeckerzeit hin.

HALLEIN

(**E 14**) Der in großen Teilen spätmittelalterliche Stadtkern ist gut erhalten. In den 80er Jahren des 20. Jhs. hat man sehr viel restauriert. So sehen Sie Fassaden mit unregelmäßigen Fensterzeilen auf glatten Stirnmauern, Schwibbögen in den engen Gassen sowie den barocken Zierat an den Häusern wie Hohlkehlen mit Sinnsprüchen und Jahreszahlen.

26 Modeboutiquen, 24 gastronomische Betriebe und zwölf Banken mußten sich der mittelalterlich-barocken Architektur unterordnen. Rund um die erhöht gelegene Stadtpfarrkirche war

Visite im stillgelegten Salzbergwerk von Bad Dürrnberg

TENNENGAU UND PONGAU

früher einmal ein Friedhof. Nur ein Grab blieb erhalten: das des 1863 bestatteten Stadtpfarr-Chorregenten und Organisten Franz Xaver Gruber, des Komponisten von »Stille Nacht«.

Hallein hatte im Mittelalter die führende Position in der Salzgewinnung Mitteleuropas inne. Seit die Industrieanlagen auf der Pernerinsel 1991 ihre Tätigkeit einstellten, werden sie u. a. von den Salzburger Festspielen und von der »Szene« als attraktiver Theaterort genutzt. Die Stadt verfügt außerdem über ein architektonisch interessantes Theater, wo Gastspielaufführungen stattfinden.

MUSEUM

Keltenmuseum
★ Im ehemaligen Salinenverwaltungsgebäude von 1654 werden in 40 Räumen die wertvollen Funde aus den Keltengräbern auf dem Dürrnberg gezeigt. Auch die Entstehung des Lieds »Stille Nacht« wird hier dokumentiert. *Mai–Ende Okt. tgl. 9–17 Uhr, im Winter für Gruppen nach Anmeldung, Erw. 50, Kinder 10 öS, Tel. 0 62 45 / 8 07 83*

RESTAURANTS

Hager
Mächtiges Gasthaus mit hübschem Gastgarten. Österreichische Küche. *Salzachtal-Bundesstr. 10, Tel. 0 62 45 / 8 04 71, Kategorie 2*

Hohlwegwirt
Zwischen Hallein und Salzburg gelegen. Deftige österreichische Küche auf hohem Niveau. Spezialität: Schöpsernes (Hammel). *Taxach, Salzachtal-Bundesstr. Nord 62, Tel. 0 62 45 / 8 24 15, Kategorie 1*

Kaltenhausener Bräustübl
Eingerichtet für die Versorgung vieler Gäste, bodenständig. Eine Bierbrauerei. *Salzachtal-Bundesstr. Nord 37, Tel. 0 62 45 / 8 02 33, Kategorie 3*

AM ABEND

Seit der Wiederherstellung des Stadttheaters gastieren dort auch immer wieder Tourneebühnen.
🛉 Junge Leute treffen sich in der *Fallschirm-Bar*, in der *Papillon-Disko*, in der *Freisitz-Bar* (laute Musik), im *Schluckerl* in der *Hafner-Diele* (sehr junges Publikum) oder im *Old English Pub*.

AUSKUNFT

Fremdenverkehrsverband Hallein
Unterer Markt 1, Tel. 0 62 45 / 8 53 94; Info-Kiosk auf der Pernerinsel Tel. 0 62 45 / 8 08 82 17

ZIELE IN DER UMGEBUNG

Bad Dürrnberg (E 15)
Zu Hallein gehört der über eine gut ausgebaute Straße und eine Seilbahn erreichbare Höhenkurort Bad Dürrnberg, auf 800 bis 1340 m gelegen. Die Wallfahrtskirche wurde um 1600 aus Marmorquadern errichtet. Zur Rekonstruktion eines Keltengehöfts gehört auch die aufwendige Gestaltung eines Fürstengrabs. *1.4. bis 31.10. tgl. 9–17, 1.11.–31.3. tgl. 11 bis 15 Uhr, Erw. 20 öS, Kinder 10 öS, Tel. 0 62 45 / 8 52 85 22*

★ Im stillgelegten Salzbergwerk sind ein Salzsee und die Darstellung des prähistorischen Abbaus zu sehen. *1.4.–31.10. tgl. 9–17, 1.11.–31.3. tgl. 11–15 Uhr, Erw. 110 öS, Kinder 55 öS, Tel. 0 62 45 / 8 52 85 15*. Die führenden Hotels sind zugleich Sanatorien, z.B: *Kurhaus St. Josef (89 Zi., Tel. 0 62 45/ 8 97 70, Fax 8 97 77 49, Kategorie 1)*

Golling (F 15)
Der Ort an der Nordseite des Passes Lueg hatte von jeher strategische Bedeutung. Heute beeindruckt er durch seine bunten Fassaden an der Hauptstraße. Die Pfarrkirche vereint verschiedene Stilelemente: Der Turm ist gotisch, der Hochaltar barock, und die »Tulpenkanzel« besteht seit 1959. Das Schloß Golling ist aus einer Burg entstanden und war ehemals ein Pflegegericht. Golling ist Ausgangspunkt für Wanderungen ins mehrere Kilometer lange *Bluntautal* mit Waldseen und dem *Torrener Wasserfall (1 Stunde ab Ort)*. Der *Goldene Stern* bietet einerseits deftige regionale, andererseits eine verfeinerte österreichische Küche *(Tel. 0 62 44/4 22 00, Kategorie 1)*.

Kuchl (F 15)
Südlich von Hallein liegen der Badeort Vigaun und die Sommerfrische Kuchl. Der Markt nannte sich in römischer Zeit *Cucullae*. Die spätgotische, dreischiffige Hallenkirche ist sehenswert. Der ↯ Georgenberg, ein recht markanter Felsrücken im Salzachtal, ist eine bedeutende prähistorische Fundstätte. Das Kuchler Heimatmuseum zeigt Funde aus der Römerzeit und Objekte der Volkskultur. *Juni bis Sept. Fr 10–12, Juli und Aug. auch Mo und Mi 10–12 Uhr, freier Eintritt*

Puch (E 14)
In der Pfarrkirche von Puch, nördlich von Hallein, steht beim Südeingang ein hölzerner Palmesel mit einer Christusfigur. Er wird, einem Brauch folgend, am Palmsonntag in einer Prozession durch den Ort getragen.

Vigaun (F 15)
In Vigaun ist 1985 das größte Kurzentrum des Tennengaus entstanden, nachdem man in 1354 m Tiefe auf eine Natrium-Calcium-Chlorid-Sulfat-Therme gestoßen war. Heilerfolge werden insbesonders bei Erkrankungen von Galle, Leber, Magen und Darm erzielt. Hier werden die Ozon-, Neural- und Shiatsu-Therapie, die Akupunktur, die Sauerstoff-Mehrschritt-Therapie und die Feldenkrais-Methode angewendet. Zum Kurzentrum gehört das *Thermal Sporthotel (221 Zi., freier Eintritt ins Thermalbad, Sauna, Dampfbad, Tel. 8 99 90, Fax 8 99 96 66, Kategorie 1)*. Auch: *Hotel Langwies (31 Zi., Tel. 8 95 60, Fax 89 56 13, Kategorie 1)*; *Gasthof Neuwirt (13 Zi., Tel. 8 27 75, Fax 8 28 76, Kategorie 2)*; *Pension Kellerbauer (5 Zi., Tel. 83 47 40, Fax 8 34 74 15, Kategorie 3)*. Vorwahl: *jeweils 0 62 45*.

Auf einem Spaziergang von Vigaun aus ist das »Bruderloch«, eine Felshöhle, zu erreichen, wo 477 der hl. Severin gepredigt haben soll. Auch der Wildwasserbadeplatz an der Taugl ist nicht weit oder die kleine gotische Kirche von St. Margarethen, die wie in der Nähe St. Georg auf dem Georgenberg und St. Nikolaus in Golling eine Außenkanzel hat.

ST. JOHANN

(F 16) Der Hauptort des Pongaus hat schon 1290 das Marktrecht erhalten. Die prächtige, weithin sichtbare doppeltürmige Dekanatskirche wird »Pongauer

TENNENGAU UND PONGAU

Dom« genannt. Sie wird schon 924 in Dokumenten genannt. Nach einem Brand wurde sie 1855–61 im neugotischen Stil wieder aufgebaut und gilt als bedeutendstes Denkmal des Historismus im Salzburger Land. Die Annakapelle aus dem 14. Jh. ist ein ehemaliger *Karner* (Beinhaus). In ihr sind bemerkenswerte spätgotische Holzplastiken zu sehen. Dargestellt sind der hl. Heinrich und die hl. Kunigunde.

St. Johann hat in der Nachkriegszeit eine rasante Entwicklung genommen, die in bezug auf Raumordnung und Architektur manchmal aus den Fugen geraten ist. Es ist mittlerweile ein wichtiger Wintersportort, zudem erschließen sich von hier die Wintersportzentren Großarl (**F 17**), Wagrain (**F 16**) und Kleinarl (**F 16**).

BESICHTIGUNG

Lichtensteinklamm (**F 16**)
Ein lohnendes Ziel nahe St. Johann ist die Lichtensteinklamm. Sie ist eine der schönsten Schluchten und bietet ein eindrucksvolles Naturschauspiel. Gefahrlos begehbare Brücken, Steige und Tunnels führen zum 50 m hohen Wasserfall am Ende der Klamm, wo ein Rastplatz mit Plattform zum Wasserfall hin eingerichtet ist. Die gesamte Strecke beträgt etwa 800 m. Am Eingang der Klamm sind Parkplätze. *Mai–Okt. tgl. 8.30–18 Uhr, Erw. 30 öS, Kinder 18 öS, Führungen, Busverbindung, Tel. 0 64 12/85 72*

RESTAURANTS

Sporthotel Prem
Die Küche ist auf Sportler abgestimmt: 25 Salate am Buffet, Saftbar, Nudelgerichte. *Premweg 7, Tel. 0 64 12/63 15, Kategorie 2*

Zinnkrügl
Internationale und heimische Küche, besonders gut sind die Lammspezialitäten. Schön ausgestattete Räume, Terrasse, Gastgarten. *Alpendorf 7, Tel. 0 64 12/61 79, Kategorie 2*

HOTELS

Hirschenwirt
Gediegenes Haus mit sehr angenehmer familiärer Atmosphäre. *30 Zi., Bundesstr. 1, Tel. 0 64 12/6 01 20, Fax 6 01 28, Kategorie 2*

Oberforsthof
Ferienhotel mit großem Komfort, Hallenbad, Dampfbad, Sauna, Tennisplätze, Bogenschießen, Biobadeteich. Veranstaltet Golfsafaris und Radtouren. *60 Zi., Alpendorf 11, Tel. 0 64 12/74 27, Fax 74 29, Kategorie 1*

Pension Franz Wielandner
Gemütlicher Familienbetrieb, neu eingerichtet, Sauna, Tischtennis. *8 Zi., 3 Ferienwohnungen, Hauptstr. 74, Tel. 0 64 12/84 13, Fax 8 89 54, Kategorie 3*

AM ABEND

Die Disko *Studio 31* im Sporthotel *Alpenland* ist bis 2 Uhr geöffnet. Weitere Diskos sind das *Nachtkastl*, *Tao* und eine *Disko im Hotel Tennerhof*.

AUSKUNFT

Fremdenverkehrsverband St. Johann-Pongau
Hauptstr. 41 (Sparkassenhaus), Tel. 0 64 12/6 03 60, Fax 60 36 74

LUNGAU

Kalte Winter, trockene, warme Sommer

Eingebettet zwischen Bergen, hat die Region über lange Zeiträume ihre Eigenart weitgehend bewahrt

Lange Zeit war der Lungau in der Südostecke des Salzburger Lands nur unzureichend erschlossen. Eine Fahrt von dort in die Stadt Salzburg und wieder zurück war an einem Tag kaum zu bewältigen. Erst seit die Tauernautobahn den Lungau durchquert, ist das anders. Man sprach früher von Rückständigkeit, doch heute zeigt sich, daß der Lungau gewisse törichte Entwicklungen im Tourismus gar nicht erst mitgemacht hat. Nach allen Seiten hin ist der Lungau von Bergen umschlossen, nur nach Osten, zur Steiermark hin, ist er offen. Er gilt als das kälteste Gebiet Österreichs, aber die Sommer sind trocken und warm.

Auffällig sind die Walmdächer auf den Häusern, ein Typus, der im übrigen Salzburg kaum vorkommt, im benachbarten Kärnten dagegen geläufig ist. Es gibt keine einzige Stadt, aber fünfzehn Gemeinden. Nur eine, Ramingstein, liegt auf einer Seehöhe von unter 1000 m. Die Bewohner, es sind 20 000, gelten als sparsam und bedächtig. Insgesamt gibt es im Lungau noch 1300 Bauernhöfe und 433 Almen. Die Viehwirtschaft spielt eine wichtige Rolle. Noch sind mehr Rinder als Gästebetten zu zählen. Das Verhältnis wird mit 15 278 zu 13 500 angegeben. Die höchstgelegenen Bauernhöfe des Landes stehen in Lessach, 1440 m hoch.

Die Hälfte der Fläche des Lungaus ist mit Wald bedeckt. Selbst von der Stadt Salzburg fahren Pilzsammler hin, um nach Pfifferlingen und Steinpilzen zu suchen. Im Bundschuhtal steht ein alter Schmelzofen, das einzige Industriedenkmal der Region. Eine Lungauer Spezialität sind die Getreidekästen, *Troadkastn* genannt. Der schönste steht in Zankwarn und sieht mit seinen Fresken für Unkundige eher aus wie eine Kapelle.

Die aus dem 13. Jh. stammende Burg Mauterndorf ist heute ein Kulturzentrum

MARCO POLO TIPS FÜR DEN LUNGAU

1 Burg Mauterndorf
In der Burg – heute ein Kulturzentrum – sind die Kapelle mit Fresken und der Flügelaltar sehenswert (Seite 76)

2 Ramingsteiner Silberbergbau
Im Bergwerk bei Ramingstein ist ein Stollenlehrpfad eingerichtet (Seite 79)

Ein Stück der Taurachbahn zwischen Mauterndorf und Tamsweg ist als Museumsbahn wieder aktiviert worden. Und jetzt dampft sie wieder, die Heeresfeldbahntenderlok von 1944. Die alten Sagen der Gegend reichen herein bis in die Gegenwart. So heißt es im Prospekt mit den Radwandervorschlägen: »Sollten Sie zufällig nahe der Ruine Thurnschall einem alten Weibchen mit einem schwarzen Hund begegnen, so schenken Sie diesem Treffen nicht allzu große Bedeutung; es ist nur das Thurnschall-Weiblein, welches endlich einige Kisten mit Gold und Edelsteinen loswerden möchte...«

MAUTERNDORF

(**G 17**) Schon in der Römerzeit befand sich hier eine Mautstelle. Im Mittelalter wurde Mauterndorf – seit 1217 Markt – wegen des Verkehrs über den Radstädter Tauern zum wichtigsten Umschlagplatz des Lungaus. Im 19. Jh. gewann der Handel mit getrocknetem Speik, einer fein duftenden Alpenpflanze, eine gewisse Bedeutung. Die denkmalgeschützten Bürgerhäuser am Marktplatz sind mit ihren Treppengiebeln einzigartig im Alpenraum. Mit dem Bau der ★ *Burg* wurde 1253 begonnen, im 14. und 15. Jh. erfuhr sie die größten Erweiterungen, heute ist sie Kulturzentrum. Die Pfarrkirche von 1394 ist wegen spätgotischer Reliefs sehenswert.

RESTAURANTS

Mesnerhaus
Das Gebäude aus dem 15. Jh. ist mit Designermöbeln eingerichtet worden. Die exzellente Küche basiert auf bodenständigen Produkten. *Marktstr. 56, Tel. 06472/ 7595, Kategorie 1*

Steffner-Wallner
Österreichische, regionale Küche. Spezialitäten Hasenöhrln, Lungauer Gröstl. *Mauterndorf 90, Tel. 06472/7214, Kategorie 2–3*

HOTELS

Elisabeth
Komfortabel ausgestattetes Haus am Ortsrand, Hallenbad, Fitneß, Massage, Schönheits- und Kräuterbäder, Solarium, Kneippanlage, Garten mit Kneippbecken. *40 Zi., Mauterndorf 274, Tel. 06472/ 7365, Fax 736520, Kategorie 1*

Neuwirt
Ruhige Lage im Ortszentrum, Zimmer mit Balkons, Sauna, Re-

LUNGAU

staurant mit Hausmannskost. *34 Zi., Mauterndorf 39, Tel. 06472/ 7268, Fax 7 26 88, Kategorie 1–2*

AUSKUNFT

Fremdenverkehrsverband Mauterndorf
Markt 52, Tel. 06472/72 79

ST. MICHAEL

(**G 17**) Zwischen Radstädter Tauern und Katschberg gelegen, hat St. Michael, seit es die Tauernautobahn gibt, ein wenig von seiner früheren abgeschiedenen Beschaulichkeit eingebüßt. Seit 1416 ist der Ort Markt. Die *Pfarrkirche* ist während des Mittelalters mehrmals umgebaut worden. Es gibt romanische und gotische Bauteile, ebenso Fresken aus verschiedenen Epochen. In der Wolfgangskapelle, dem ehemaligen Beinhaus, sind gotische Fresken zu sehen. Auch die Filialkirchen St. Ägidius und St. Martin haben romanische Fresken. Die Doppelsesselbahn auf das Speiereck und die Aineck-Dreiersesselbahn am Katschberg (Skischaukel) sind sommers und winters in Betrieb.

RESTAURANTS

Eggerwirt
Die Küche richtet sich nach dem Angebot der Jahreszeit. Alte Gaststube und gediegene neue Stuben. *Kaltbachstr. 5, Tel. 06477/ 2240, Kategorie 2*

Wastlwirt
Rustikale »Lungauer Stube«, regionale Küche in verfeinerter Art. Spezialitäten: Filet vom Tauernlamm, Lungauer Bauernbraten. *St. Michael 13, Tel. 06477/ 7 15 50, Kategorie 2*

HOTEL

Steigerwirt
Gemütliches Haus, gediegen eingerichtet. *8 Zi., 6 Apartments, Marktstr. 66, Tel. 06477/2060, Fax 20 60 20, Kategorie 2*

AUSKUNFT

Fremdenverkehrsverband St. Michael
Raikaplatz 242, Tel. 06477/34 20

TAMSWEG

(**H 17**) Der Markt mit seinen 5000 Einwohnern ist wirtschaftlicher Mittelpunkt des Lungaus und liegt im Schnittpunkt mehrerer Gebirgstäler. Die Dekanatskirche hat fünf Rokokoaltäre, doch künstlerisch noch ergiebiger ist die Wallfahrtskirche *St. Leonhard,* die von 1421 an in der knappen Bauzeit von elf Jahren errichtet wurde, weil eine mehrmals verschwundene Leonhardsfigur wiedergefunden worden war. Die Kirche umgibt eine wehrhafte Umfriedung, die aus der Zeit des Kriegs zwischen Kaiser Friedrich II. und dem damaligen Salzburger Fürsterzbischof stammt. St. Leonhard ist eines der bedeutendsten Wallfahrtsziele auf dem Boden des heutigen Österreich. Das Besondere sind die einzigartigen 21 Fenster, die den für damalige Zeiten außergewöhnlich großen Kirchenraum (23 m lang, 12,5 m hoch) erhellen. Sehr eindrucksvoll ist das »Goldene Fenster« rechts vom Hochaltar. Die Scheiben aus goldgelbem und blauem

> **Die Marco Polo Bitte**
>
> Marco Polo war der erste Weltreisende. Er reiste in friedlicher Absicht, verband Ost und West. Er wollte die Welt entdecken, fremde Kulturen kennenlernen, nicht zerstören. Könnte er für uns Reisende des 20. Jahrhunderts nicht Vorbild sein? Aufgeschlossen und friedlich sollte unsere Haltung auf Reisen sein. Dazu gehören auch Respekt vor Mensch und Tier und die Bewahrung der Umwelt.

Glas sind Reste einer gotischen Ausstattung, die in einer unbekannten Werkstatt entstand. Der Marktplatz wird von schönen Bürgerhäusern und dem Rathaus (16. Jh.) gesäumt.

MUSEUM

Lungauer Heimatmuseum
Im ehemaligen Barbaraspital werden u. a. römische Fundstücke, Waffen und bäuerliches Gerät gezeigt. *Mai–Okt. und Weihnachten–Ostern tgl. außer Mo 10–12 und 14–17 Uhr, Erw. 20 öS, Kinder 10 öS*

AUSKUNFT

Fremdenverkehrsverband Tamsweg
Marktplatz 134, Tel. 0 64 74/24 16; Gebietsverband Lungau: Tel. 60 84

ZIELE IN DER UMGEBUNG

Handweberei Birkner (**H 17**)
In diesem Betrieb in Sauerfeld webt man nach jahrhundertealten Mustern. *Tel. 0 64 74/62 86*

Hochofenmuseum Bundschuh (**G 17**)
Das Industriedenkmal im *Thomatal* ist eine Eisenschmelzanlage von 1862. *Juni–Sept. Mi, So (Mitte Juli–Ende Aug. tgl außer Mo) 10–16 Uhr, Erw. 30 öS, Kinder 15 öS, Tel. 0 64 76/262. Lungauer Tälerbus ab St. Margarethen*

Mariapfarr (**G 17**)
Die gotische Pfarrkirche von Mariapfarr ist mit Fresken ausgestattet. Im Pfarrhof wird das »Mariapfarrer Silberaltärchen«, eine bedeutende Goldschmiedearbeit von 1443, aufbewahrt.

Murtalbahn, Tälerbus (**H-I 17**)
Die *Murtalbahn* fährt von Tamsweg über Ramingstein und Murau nach Unzmarkt (Steiermark). Dampfsonderzüge und Amateurfahrten: *Tel. 0 35 32/22 31 19.* Der *Lungauer Tälerbus* fährt ab Tamsweg: *Tel. 0 64 74/22 16.*

Prebersee (**H 17**)
Romantisch gelegener Gebirgssee (1510 m hoch) in einem Landschaftsschutzgebiet. Ende August findet ein traditionelles Wasserscheibenschießen statt.

Ramingstein (**H 17**)
Ramingstein war schon früh ein wichtiger Bergbauort. Im Mühlbachtal bei Kendlbruck wurde bereits vor 1000 Jahren nach Eisen geschürft. Der Bergbau ist jedoch seit Beginn des 19. Jhs. eingestellt. Heute steht noch eine im 18. Jh. erbaute, gut erhaltene Schmelzanlage, und zwar in der

LUNGAU

Nähe der Wallfahrtskirche Maria Hollenstein in Kendlbruck, die 1754 neu errichtet wurde und vor allem wegen ihrer zahlreichen Votivbilder auffällt.

★ Seit dem Jahr 1443 gab es den *Ramingsteiner Silberbergbau.* Seinetwegen setzte ein rascher Zuzug von Knappen ein, die sogar ihre eigene Gerichtsbarkeit hatten. 1780 wurde der Silberbergbau allerdings eingestellt. In jüngerer Zeit wurden einige Stollensysteme wieder zugänglich gemacht und ein Lehrpfad eingerichtet. *Führungen nach Anmeldung (ab 5 Pers.), Erw. 130 öS, Kinder 70 öS, Tel. 0 64 74/22 96, vom 1.11. bis 31.4. Tel. 0 64 75/234*

Die *Burgruine Finstergrün* ist insofern ein Kuriosum, als sie um 1900 neben einer Ruine aus dem 13. Jh. neu errichtet wurde. *Führungen Juli/Aug. Mo, Mi, Fr, So 14 und 15.30 Uhr, sonst für Gruppen (ab 10 Pers.) nach Voranmeldung, Erw. 60 öS, Kinder 25 öS, Tel. 0 64 75/228*

Schloß Moosham (G 17)

Der 1256 erstmals erwähnte Bau bei Unternberg war früher Landgericht, ist heute Volkskunde- und Volkskunstmuseum. *Mai bis Sept. Führungen tgl. 9, 10, 11, 13, 14, 15.30 Uhr, Erw. 100 öS, Kinder 50 öS, im Restjahr Tel. 0 64 76/305*

Weißpriach (G 17)

Weißpriach ist der Ausgangspunkt für Touren auf den Hochgolling (2863 m), den höchsten Gipfel der Niederen Tauern.

Eine karge Landschaft umrahmt den Güldensee im Lungau

PINZGAU

Tauerngold, Mineralien und Wintersport

*Wasserfälle, Gletscher, dazu Raritäten
der Tier- und Pflanzenwelt charakterisieren den Pinzgau*

Der Pinzgau hat den größten Anteil am ★ *Nationalpark Hohe Tauern*. In diesem größten Salzburger Landesteil, einem Wald- und Weideland, haben Pferde- und Rinderzucht eine lange Tradition. Die noch junge Salzach fließt durch den Oberpinzgau, das zweite wichtige Tal ist das der Saalach. Es gibt im Pinzgau 160 Gletscher, darunter auch den in Europa am tiefsten, auf 1200 m gelegenen Birnbachgletscher im Ullachtal, hinter Leogang. Von hier bezogen früher die Münchner Brauereien das Eis.

Touristische Zentren sind Zell am See, Saalfelden, Saalbach, Kaprun, Mittersill und Uttendorf. Von Zell am See nach Krimml verkehrt eine mit Dampf betriebene Schmalspurbahn, die selbstverständlich an jedem noch so kleinen Ort anhält. Krimml ist der Ausgangspunkt des »Tauernradwegs«, der die Salzach entlang bis nach Salzburg und weiter bis nach Passau führt. *(Zur Anreise empfiehlt sich das Radtransportangebot der ÖBB.)* Die genaue Routenbeschreibung, Karten, Kilometerangaben und weitere nützliche Informationen finden sich in einem 42seitigen Radwegführer (erhältlich im Buchhandel).

In Bramberg mit seiner gotischen Kirche steht die Ruine Weyer, ein Wohnturm aus dem 12. Jh. Auch das dortige Heimatmuseum »Wilhelmgut« ist sehenswert, es zeigt eine Mineraliensammlung sowie Dokumente historischer Alltagskultur. Von Bramberg aus geht es ins Habachtal, ein mineralreiches Tal der Hohen Tauern. Hier liegt die einzige Smaragdfundstelle Europas. Ein »Nationalparktaxi« verkehrt ab Habach. ☆ Der höchste Gipfel der Tauern in diesem Abschnitt ist mit 3674 m der Großvenediger.

Kaprun, vor allem wegen der Kraftwerke bekannt, hat sich mit Zell am See zur »Europa-Sportregion« zusammengeschlossen:

*In drei Stufen stürzen sie herab,
die Krimmler Wasserfälle*

♂ Über 30 Sportarten können ausgeübt werden. Der Zeller See, die Dreitausender sowie die vielen Pisten bieten gute Voraussetzungen dafür. Das Angebot der Sportregion umfaßt unter anderem 55 Seilbahn- und Liftanlagen und 130 km Pisten sowie 150 km Langlaufloipen. Auf den Gletscher des Kitzsteinhorns führt eine unterirdische Standseilbahn. Dort, auf rund 3000 m, ist das Skifahren auch im Sommer möglich. Golfer finden eine 27-Loch-Anlage vor. 38 Hallen- und Freiplätze stehen den Tennisspielern zur Verfügung. Kletterkurse – auch für Kinder – bietet die Hochgebirgsschule Glockner-Kaprun an. Zell am See hat außerdem einen kleinen Flughafen, dem die Alpine Segelflugschule angeschlossen ist.

Die Hauptorte im nördlichen Teil des Pinzgaus, im Saalachtal, sind Leogang (wo es unterhalb der grauen Steinberge einen Kräuterlehrpfad gibt), der zentrale Markt Saalfelden mit breitgefächerten Einkaufsmöglichkeiten – eine Stunde vom Ort findet sich am Palfen eine bewohnte Einsiedelei – und schließlich Lofer mit der ältesten Pestsäule (1564) des Lands. Der Wirt des »Bräu« hatte um 1700 eine 1000-Gulden-Stiftung gemacht mit der Auflage, daß alle durchreisenden Franziskanermönche kostenlos zu verpflegen seien.

RAURIS

(**E 17**) Der Ort ist sommers wie winters mit vielen Hotels und noch mehr Pensionen auf Feriengäste eingestellt. Jeweils im März finden die im ganzen deutschsprachigen Raum beachteten »Rauriser Literaturtage« statt. Das *Heimat- und Talmuseum* dokumentiert vor allem das Bergwerkswesen. *Marktstr. 59, Tel. 0 65 44/62 53, ganzjährig tgl. außer Do 10–12 und 16–18 Uhr, Erw. 25 öS, Kinder 15 öS*

Zweimal die Woche kann man geführte Wanderungen zu alten Handwerksbetrieben machen: zum Lächenschindelmacher, zur Weberin, zum Korbmacher, Käser und zuletzt zu einem Schnapsbrenner. 300 Waschpfannen stehen für interessierte Goldwäscher bereit.

RESTAURANTS

Andrelwirt
Ein beliebtes Gasthaus. *Wörth, Tel. 0 65 44/64 11, Kategorie 2*

Grimming
Traditionsreiches Gasthaus neben der Kirche. Gaststuben und großer Saal. Gute bodenständige Küche. *Marktstr. 25, Tel. 0 65 44/62 68, 65 47, Kategorie 2*

Tauernstüberl
Regionale Küche. *Marktstr. 61, Tel. 0 65 44/62 85, Kategorie 2*

HOTELS

Pension Lohninger
Für die ganze Familie, mit Naturstein-Sauna. *11 Zi., Marktstr. 68, Tel. 0 65 44/62 31, Fax 6 23 18, Kategorie 3*

Rauriserhof
Traditionsreiches Haus mit Hallenbad, Sauna, Dampfbad, drei Tennisplätzen, zwei Hallenplätzen, Kegelbahn. *70 Zi., Marktstr. 68, Tel. 06544/6 21 30, Fax 71 56, Kategorie 1*

PINZGAU

AM ABEND

✝ Beliebt ist das Disko-Café *Rauriser Stadl,* und für späte Gäste sind das Café *Lasser* und die *Knappenstube* geöffnet.

AUSKUNFT

Fremdenverkehrsverband Rauris
Markt 9a, Tel. 0 65 44/62 37, 72 07

ZIELE IN DER UMGEBUNG

Kolm Saigurn (**E 17**)
Der *Tauerngold Rundwanderweg* mit Gletscherschaupfad führt an ehemaligen Stätten des Goldbergbaus in Kolm Saigurn vorbei *(3 Std. Gehzeit ab Naturfreundehaus Neubau).* Man sieht einige ehemalige Knappenhäuser sowie Reste der Erzlagerungs- und Werkstättengebäude. Kolm-Saigurn ist Ausgangspunkt für Touren auf den *Sonnblick* (3105 m), auf dem seit 1886 ein meteorologisches Observatorium existiert. Im Krumltal wurden im Zug eines WWF-Projekts *(World Wide Fund for Nature)* wieder Bartgeier angesiedelt. Der *Rauriser Urwald* ist ein Bergsturz mit rund 90 Moortümpeln und einem Naturlehrpfad. Die *Hochalm-Doppelsesselbahn* führt auf die Heimalm, wo jedes Jahr eine Ausstellung (1996 z.B. »Edelsteine«, 1997 »Gold«) zu sehen ist. *Anfang Juli–Ende Sept. tgl. 9–16 Uhr, Eintritt frei, Tel. 0 65 44/63 34*

SAALBACH

(**D 16**) Der Hauptort des Glemmtals, Zentrum des Wintersports, bietet 78 Abfahrten, die jeweils zu einer weiteren Aufstiegshilfe führen. Die wichtigsten Bahnen dieses »Skizirkus« sind die *Saalbacher* und *Hinterglemmer Bergbahnen,* die *Schattberg-Seilbahn* (mit 100 Personen je Gondel die größte Seilbahn Österreichs), die *Kohlmeis-Gruppenumlaufbahn,* die *Zwölferkogelsesselbahnen* und die *Reiterkogel-Sesselbahn.*

RESTAURANTS

Forellenhof
Österreichische Küche. Spezialität: 14 Forellen-Zubereitungsarten. *Hinterglemm, Pfefferweg 206, Tel. 0 65 41/71 71, Kategorie 2*

MARCO POLO TIPS FÜR DEN PINZGAU

1 Nationalpark Hohe Tauern
Der Nationalpark Hohe Tauern ist mit 1787 qkm die letzte zusammenhängende geschützte Naturlandschaft Österreichs dieser Größenordnung (Seite 81)

2 Tauernkraftwerke Kaprun
Die Kraftwerksgruppe Glockner-Kaprun mit den Stauseen Wasserfallboden und Mooserboden im Bereich der Glocknergruppe gilt als technische Großtat nach dem Zweiten Weltkrieg (Seite 89)

3 Krimmler Wasserfälle
Der höchste Wasserfall Mitteleuropas hat eine Fallhöhe von 300 m (Seite 89)

Hirtenstube
Eines der besten Restaurants Saalbachs, rustikal, bodenständige und internationale Küche. *Bäckstätt-Stall, Tel. 0 65 41/7 65 20, Kategorie 2*

Hotel Sonne
Internationale und österreichische Küche, die Karte richtet sich nach dem je nach Jahreszeit unterschiedlichen Marktangebot. *Altachweg 334, Tel. 06541/72 02, Kategorie 2*

HOTELS

Alpenhotel Thomas
Eines der größten Häuser in Saalbach. Es herrscht eine alpenländische Atmosphäre. Komfortable Zimmer, Suiten und Familienapartments, Show und Nachtleben. *97 Zi., Saalbach 212, Tel. 0 65 41/6 66 60, Fax 6 66 68 88, Kategorie 1–2*

Gollingerhof
Gemütliches, familienfreundliches, sehr gut ausgestattetes Haus mit umlaufenden Balkonen. *30 Zi., Saalbach, Tel. 0 65 41/72 92, 72 93, Fax 729 28, Kategorie 3*

AM ABEND

Das ✝ Nachtleben von *Saalbach* ist im Vergleich zu vielen anderen Orten sehr ausgeprägt. In dem beliebten Wintersportort gibt es eine Überfülle von Bars und Diskos, darunter die *Camino Bar*, *Dino's Bar* und die *Kuhstall Bar*, die Diskothek *King's* und die *Schattbergstube*. In *Hinterglemm* am Ende des Tals haben die *Almbar*, der *Glemmtalkeller* und das *Pub Tulpe* bis spät nach Mitternacht geöffnet.

AUSKUNFT

Fremdenverkehrsverband Saalbach/Hinterglemm
Information und Vermittlung für beide Orte laufen über eine zentrale Telefonnummer; in beiden Orten gibt es aber Informationsbüros für direkte Nachfragen. Tel. 0 65 41/68 00 68

SAALFELDEN

(**E 16**) Auf Grund der günstigen Lage in einer Talweitung gab es hier schon in prähistorischer Zeit eine Siedlung. Während des Hochmittelalters war der Ort Mittelpunkt der bayerischen Grafschaft Unterpinzgau. In der neuromanischen Pfarrkirche sind der gotische Flügelaltar von 1539 in der Taufkapelle und eine gotische Krypta sehenswert.

MUSEUM

Pinzgauer Heimatmuseum
Im Schloß Ritzen (1604) werden Brauchtum, Handwerk, Volkskunst, keltische Ausgrabungen, Mineralien und die größte alpenländische Krippenschau ganzjährig gezeigt. *Schloß Ritzen, Mi, Sa, So 14–16 , 15. Juni–15. Sept. tgl. 10–12 und 14–17 Uhr, Erw. 30 öS, Kinder 15 öS*

RESTAURANTS

Gasthof Hindenburg
500 Jahre alter Gasthof, Gastgarten mit Kastanien. Die Karte ist zweigeteilt: regionale und klassische Wiener Küche. *Bahnhofstr. 6, Tel. 0 65 82/793, Kategorie 2*

Schatzbichl
Regionale Küche der feinsten Art. Eine Spezialität sind die

PINZGAU

»Schlipfblattln«. *Ramseiden 82, Tel. 06582/73281, Kategorie 1*

HOTEL

Sporthotel Gut Brandlhof
Große Anlage mit Reithalle und breitem Sportangebot. 18-Loch-Golfplatz. *150 Zi., Hohlwegen 4, Tel. 06582/78000, Fax 780 05 98, Kategorie 1*

AM ABEND

Saalfelden ist eine Hochburg des Jazz mit einem eigenen Festival. Kulturelle Veranstaltungen werden vom Verein *Echo* organisiert. ⚥ Die Disko *Studio* ist sehr jungen Leuten vorbehalten. Beliebte Lokale sind *Bacchus, Valentino, Hindenburg, Blue Point* und *Knast*.

AUSKUNFT

Fremdenverkehrsverband Saalfelden
Bahnhofstr. 10/Ecke Feuerwehrpl., Tel. 06582/72513, Fax 75398

ZIELE IN DER UMGEBUNG

Leogang (**D 16**)
Die Gemeinde am Fuß der Leoganger Steinberge umfaßt 15 Ortschaften. Um die Pfarrkirche aus dem 14. Jh. zieht sich in Fensterhöhe eine Eisenkette, womit angezeigt ist, daß die Kirche dem hl. Leonhard, dem Pferde- und Rinderpatron, geweiht ist.

In der Nähe von Leogang kann das *Schaubergwerk*, der *Daniel- und Barbarastollen,* besichtigt werden. Hier wurden Kupfer, Silber, Blei, Quecksilber, Nickel, Kobalt und Magnesit abgebaut. *Tgl. außer Mo 11–17 Uhr, Erw. 70 öS, Kinder 35 öS, Tel. 0664/3375852.* Restaurant: Kirchenwirt, *Tel. 06583/82160, Kategorie 2;* Hotel: Krallerhof, *90 Zi., 6 Suiten, Tel. 06583/82460, Fax 824685, Kategorie 2*

Lofer (**D 15**)
Schon 1232 hat Lofer das Marktrecht erhalten. In Lofer steht die älteste *Pestsäule* Salzburgs (1564). Die Pfarrkirche zeigt im Inneren gotische Fresken. Die *Festung Paß Strub* diente seinerzeit als eine Grenzbefestigung gegen Tirol. Sie wurde 1983/84 freigelegt und restauriert.

Maria Alm (**E 16**)
Die idyllische Lage zwischen Steinernem Meer und Dientener Bergen hat Maria Alm zu einem beliebten Ferienort gemacht. Leider hat das in Zeiten euphorischen Expansionsdrangs auch zu negativen architektonischen Erscheinungen geführt. Die Wallfahrtskirche in Maria Alm mit einem Gnadenbild von 1480 hat den höchsten Kirchturm im Land (84 m).

Unken (**D 16**)
Im Flecken Unken nimmt die Saalach ihren Weg durch eine Schlucht, die Innersbachklamm. Sehenswert ist auch eine weitere Klamm, die Schwarzbergklamm im hinteren Unkenbachtal.

In der Festung Kniepaß gibt es immer wieder einmal wechselnde Ausstellungen zu sehen *(Ende Juni–Ende Sept. tgl. außer Mo, 10–16 Uhr, 15 Min. ab Bushaltestelle Lukaswirt).* Im Heimatmuseum Kachelofengut sind Funde aus der Jungsteinzeit und Bronzezeit sowie bäuerliches Gerät und Trachten gesammelt *(Ende Juni bis Ende Sept. Di, So, Sa, So 14.30–17 Uhr). Auskunft: 06589/245*

ZELL AM SEE

(**D 16**) Der Fremdenverkehrsort mit seinen 7900 Einwohnern, der sich seit 1928 Stadt nennen darf, liegt eingezwängt zwischen dem See und der Schmittenhöhe. Erst seit 1996 die Umfahrung durch einen Tunnel eröffnet wurde, läßt sich der Reiz der Stadt wieder ungestört genießen. Es wird angenommen, daß der Raum von Zell am See schon zur Zeit der Römer Siedlungsgebiet gewesen ist. Der Ort lag an der stark frequentierten Saumroute über das Hochtor (der heutigen Großglocknerstraße), so daß er im Mittelalter bereits beträchtliche Bedeutung hatte. Die Bewohner waren als *Säumer* (Tauschhändler) tätig, die den Süden mit Salz belieferten und auf dem Rückweg aus dem Friaulischen mit Wein zurückkehrten. Seinen Aufschwung und Status als Handels- und Marktplatz im Mittelalter verdankte Zell am See auch dem Bergbau im nahen Hirzbachtal und Limberg. Spätestens im 16. Jh. wurde Zell am See Gerichtssitz. Eine neue Phase der Entwicklung wurde 1875 eingeleitet, als die Giselabahn, die heutige Hauptverkehrslinie von Salzburg nach Innsbruck, ihren Betrieb aufnahm. 20 Jahre später wurde die Pinzgauer Lokalbahn nach Mittersill und Krimml eröffnet. Der Bau der Großglockner-Hochalpenstraße in den dreißiger Jahren brachte einen neuerlichen Entwicklungsschub.

Der romanische Kern der Stadtpfarrkirche stammt aus dem 12. Jh. Im *Schloß Rosenberg* (1583), einem typischen Salzburger Adelssitz, sind das Rathaus und eine Galerie untergebracht.

MUSEUM

Heimatmuseum

Der Kastner- oder Vogtturm am Stadtplatz aus dem 10. Jh. war ehemals Getreidespeicher und ist jetzt Heimatmuseum mit über 2500 Exponaten in vier Stockwerken: Trachten, Möbel, Handwerk, Ski-, Rad- und Alpinentwicklung. *Mitte Mai–Mitte Okt. Mo–Fr 13–17 (bei Schlechtwetter 11 bis 17 Uhr), Erw. 25 öS, Kinder 12 öS*

RESTAURANTS

Erlhof

Im Ortsteil Thumersbach. Solide, bodenständige Küche. *Erlhofweg 11, Tel. 0 65 42/56 63 70, Kategorie 1*

Metzgerwirt

500 Jahre alter Gasthof mit schattigem Gastgarten und Innenhof. Österreichische Küche, Pinzgauer Spezialitäten, z.B. Kasnocken. *Sebastian-Hörl-Str. 11, Tel. 0 65 42/7 25 20, Kategorie 2*

HOTELS

Pension Müllauer

Gemütliches Haus nur 5 Minuten vom See. Viele Sporteinrichtungen ganz in der Nähe. *18 Zi., Fichtenweg 1, Tel. 0 65 42/5 72 83, Fax 57 28 33, Kategorie 3*

Schloß Prielau

Mustergültig renoviertes historisches Gebäude. Tennis, Golf, eigener Badestrand, Wildgehege und Fischteiche. *7 Zi., Hofmannsthalstr., Tel. 0 65 42/7 26 09, Fax 7 26 09 55, Kategorie 1*

Im Restaurant kocht Jörg Wörther, ein vom Gault Millau zum »Koch des Jahrzehnts« geadelter Schüler Eckart Witzigmanns.

PINZGAU

St. Georg
Noble Atmosphäre, ländlich eingerichtet, gemütlich, geräumige Zimmer und Apartments. *36 Zi., Schillerstr. 32, Tel. 0 65 42/768, Fax 76 83 00, Kategorie 1–2*

AM ABEND

Im Pfarrsaal gibt es gelegentlich Darbietungen des hochqualifizierten Singkreises Zell am See, Theateraufführungen und Kabarett. Treffpunkte für junge Leute und Nachtvögel sind die Taverne beim Café *Feinschmeck*, die *Diele* und das *Evergreen Dancing*, wo auch ältere Semester anzutreffen sind. »In-Lokale« sind ferner das *Sugar Shake*, *Crazy Daisy* und *Inside*. In Schüttdorf gibt es das *Sunrise* und das *Piccadilly*.

AUSKUNFT

Fremdenverkehrsverband Zell am See
Brucker Bundesstraße, Tel. 0 65 42/770; Außenstelle Schüttdorf, Tel. 0 65 42/5 71 91; Außenstelle Thumersbach, Tel. 0 65 42/7 24 66

Wetterdienst
Ein wichtiger telefonischer Service für alle Bergwanderer und Bergsteiger, Tel. 0 65 42/7 36 94

ZIELE IN DER UMGEBUNG

Bahnen und Lifte
Von der mit der *Schmittenhöhenbahn* zu erreichenden *Schmittenhöhe* (1968 m) bietet sich ein schöner Rundblick. Diese Bahn hat wie die *Zeller Bergbahn*, die *Sonnenalmbahn* (jeweils Seilbahnen) und *Sonnenkogelbahn* (Dreiersesselbahn) sowie die *Areitbahn* (Seilbahn) in Schüttdorf

Im mittelalterlichen Vogtturm von Zell am See ist das Heimatmuseum

ausschließlich Sommerbetrieb *(Tel. 0 65 42/78 90)*. Auch der *Ronachkopfsessellift* in Thumersbach ist im Sommer in Betrieb *(Tel. 0 65 42/7 23 57)*.

Bruck (E 16)
Der Ort liegt an der Schnittstelle des West-Ost-Wegs durch das Salzachtal und einer Nord-Süd-Verbindung über die Hohen Tauern. Dieser Umstand verschaffte ihm schon in früher Zeit große verkehrstechnische Bedeutung. Es gibt Zeugnisse einer Besiedlung um 1500 v. Chr. und Urnengräber aus der Zeit um 1000 v. Chr. Während der Bauernkriege wiederum wurde 1526 *Schloß Fischhorn* niedergebrannt. Später wurde es wieder aufgebaut und mehrmals – zuletzt im 19. Jh. neugotisch – umgestaltet. 1945 nahmen die Amerikaner hier Hermann Göring gefangen. Das Schloß ist heute wieder in Privatbesitz und nicht zu besichtigen, obwohl es großteils leersteht. Im 18. Jh. war Bruck ein Stützpunkt der Protestanten. 20 000 von ihnen wurden im Jahr

1732 aus dem Land vertrieben. Im Zug der Gegenreformation richteten die Erzbischöfe 1736 im Ortsteil Hundsdorf eine Missionsstation der Franziskaner ein. Das kleine Kloster gehört heute zum Kinderdorf St. Anton.

Fusch (**E 17**)
Der Ort, eine Streusiedlung, liegt auf 805 m Höhe. Von hier führt die Glocknerstraße in hochalpine Regionen. Seit dem 15. Jh. nimmt jedes Jahr Ende Juli von Fusch aus die »Pinzgauer Wallfahrt« nach Heiligenblut in Kärnten ihren Ausgang. Einige Zeit profitierte Fusch vom Goldbergbau. Auffallend ist der romanisch-gotische Turm der Kirche. Diese hat ein Satteldach und einen Treppengiebel. Im Wildpark Ferleiten vor der Mautstelle der Glocknerstraße gibt es Greifvögel und einen Streichelzoo. Besucher können auch an der Wildfütterung teilnehmen. *Mai–Nov. tgl. 8 Uhr bis zum Einbruch der Dunkelheit, Erwachsene 55 öS, Kinder 35 öS, Tel. 0 65 46/220*

Hollersbach (**C 16**)
Der Ort zwischen Bramberg und Mittersill war Stützpunkt des Rittergeschlechts der Hollersbacher, von deren Anlagen jedoch nichts erhalten geblieben ist. Hier, am Eingang zum Hollersbachtal,

Variationen in Grün – die Kapruner Stauseen

PINZGAU

wurde jahrhundertelang Bergbau betrieben. Das *Klausnerhaus* mit seinem unverputzten Bruchsteinmauerwerk wird als Kulturzentrum und seit 1986 als Nationalpark-Zentrum für Seminare und Ausstellungen genutzt. Seit 1986 erntet der französische Naturkosmetikhersteller Yves Rocher in Hollersbach auf einer Fläche von 1,5 ha jährlich etwa 2,5 t Kräuter. Ringelblumen, Malven, Quendel und Arnika ergeben jeden Sommer eine begeisternde Blütenpracht *(Führungen vermittelt der Fremdenverkehrsverband Hollersbach, Tel. 0 65 62 / 81 05)*. Darüber hinaus gibt es einen *Hollersbacher Natur- und Kräuterlehrpfad (2,5 Std. Gehzeit)* sowie den *Bachlehrweg Hollersbachtal (2 Std. Gehzeit)*.

Kaprun – Tauernkraftwerke (D 17)

★ Ende des 19. Jhs. noch ein kleiner Kirchenweiler, ist Kaprun mit dem Bau der Kraftwerksgruppe und dem rasch zunehmenden Tourismus schnell gewachsen. Hinter der Kraftwerksgruppe ist neben dem Bürgkogel das Naturdenkmal der Siegmund-Thun-Klamm zu entdecken. Sie ist gut erschlossen und eine der schönsten Klammen im Land. Die Gletscherbahnen Kaprun-Kitzsteinhorn (3204 m, Bergstation 3029 m, *Tel. 0 65 47 / 87 00)* machen auf dem Gletscher den Skilauf im Sommer möglich. Das *Kapruner Schloß* mit mächtigem Burgfried ist das weithin sichtbare Wahrzeichen der Gemeinde. Es gehörte nach seiner Erbauung im 12. Jh. oberbayerischen Grafen und kam später in den Besitz der Salzburger Fürsterzbischöfe, die hier ein Pfleggericht einrichteten. Seit dem 18. Jh. verfiel das einst bedeutende und größte Profanbauwerk des Lands, und erst seit den siebziger Jahren des 20. Jhs. wird es nach und nach saniert. Das Schloß dient heute als Kulturzentrum. Empfehlenswerte Hotels sind z.B.: *Steigenberger, Schloßstr. 751, 125 Zi., Tel. 0 65 47 / 76 47, Fax 76 80, Kategorie 1; Orgler, Kaprun, 32 Zi., Tel. 0 65 47 / 83 12, Fax 75 67, Kategorie 2.*

Krimml (C 17)

Der Luftkur- und Wintersportort im waldreichen Krimmler Tal lag jahrhundertelang abgeschieden. Saumwege führten über die Hohen Tauern in den Süden. Seit 1962 verbindet die Gerlospaßstraße Krimml mit dem angrenzenden Zillertal in Tirol. ★ Die in drei Stufen 380 m ins Tal stürzenden *Krimmler Wasserfälle* ziehen seit dem 18. Jh. Ströme von Besuchern an. Wiederholte Versuche, die Wasserfälle für die Energiegewinnung nutzbar zu machen, sind erfolgreich abgewehrt worden *(Mai–Okt., übrige Jahreszeit auf eigene Gefahr, Erw. 10 öS, Kinder 5 öS, 15 Min. zum unteren Fall, 1 Std. zum obersten Fall).* ✪ Auffallend ist die Vorliebe der Krimmler für Volksschauspiele. Krimml ist aber auch Ausgangspunkt für Bergtouren in die Venediger- und die Reichenspitzgruppe (Zillertaler Alpen).

Mittersill (D 16)

In Mittersill, dem Hauptort des Oberpinzgaus, kreuzen sich wichtige Verkehrswege. In den Süden geht es über die Felbertauernstraße, über den Gerlospaß nach Innsbruck und über den Paß Thurn nach Bayern. *Schloß Mittersill*, 1180 erbaut, 1534 erweitert, hat im Obergeschoß des Hexenturms eine Kapelle mit Flügelaltar. Restaurant: *Walderwirt in Wald im Pinzgau, Tel. 0 65 65/8 21 60, Kategorie 2;* Hotel: *Nationalparkhotel Felben (alias Felbermeilinger), 29 Zi., Tel. 0 65 62/44 07, Fax 47 85 72, Kategorie 1*

Neukirchen
am Großvenediger (**C 16–17**)

Neukirchen liegt an der Einmündung des Habachtals und des Untersulzbachtals ins Salzachtal und hat sich zum zweiten Zentrum des Oberpinzgaus neben Mittersill entwickelt. *Schloß Hieburg,* der Sitz der mittelalterlichen Herren von Neukirchen, ist verfallen. *Schloß Hohenneukirchen,* das den Ort überragt, blieb hingegen erhalten, wenn auch im Lauf der Zeit stark verändert. Auf dem Weg zum Schloß kommt man an zwei renovierten Bauten vorbei, dem *Samerhofstall* und dem *Kammerlanderstall.* Das Zukunftskollegium Nationalpark Hohe Tauern nutzt den Samerhofstall zu Vorträgen, Ausstellungen etc., der Kammerlanderstall ist Sitz des Kulturvereins Tauriska, der in der ganzen Region mit viel Einsatz Kulturinitiativen fördert. Eine recht bemerkenswerte Einrichtung ist das Cineteatro, ein Forum für zeitgenössische Kulturformen (Film, Theater, Tanz). Die Umgebung von Neukirchen ist für Mineraliensucher überaus ergiebig. Außerdem startete hier 1841 die abenteuerliche Erstbesteigung des Großvenedigers.

Piesendorf (**D 16**)

Bei Piesendorf weitet sich das Salzachtal. Heutzutage ist das Umland nach aufwendiger Trockenlegung nicht mehr sumpfig. Die Bundesstraße führt abseits an dem leicht erhöht liegenden Ort vorbei. Den verwinkelten Ortskern prägen mächtige gemauerte Häuser. In der Pfarrkirche St. Laurentius wurden ab 1995 spätgotische Fresken freigelegt, was in der Region für einiges Aufsehen sorgte. Im Kulturraum des Gemeindeamts wird eine Dokumentation über *Perfellers Chinesenstadt* gezeigt. Sebastian Perfeller, ein Weltreisender und Sonderling, baute zwischen 1867 und 1883 im Fürther Graben eine skurril anmutende Anlage, die *Chinesenstadt,* die nach seinem Tod abbrannte. *Ganzjährig Mo–Fr 10–11 und 15–18, Sa 8–11 Uhr*

Uttendorf (**D 16**)

Wo sich das Stubachtal zum Salzachtal hin öffnet, liegt Uttendorf. In der Nähe des Ortszentrums wurden um die 500 Urnengräber aus der Hallstattzeit gefunden. Schon vor 3000 Jahren lebten hier Menschen. Aus der Zeit zwischen 750 und 600 v. Chr. stammen mehr als 400 Steinkistengräber, die im Gebiet des Uttendorfer Sonnbergs gefunden wurden. Die Verstorbenen wurden in den Gräbern nach ihrer Verbrennung samt ihrer persönlichen Habe beigesetzt.

Uttendorf ist ein Ausgangspunkt des Gebirgstourismus. Die *Weißsee-Gletscherbahnen (Juni–Okt. tgl. 9–16.15 Uhr, Tel. 0 65 63/ 85 93)* führen bis auf 2310 m *(Talstation Enzingerboden, Mittelstation Grünsee)* zum Alpinzentrum Rudolfshütte des Österreichischen Alpenvereins am Weißsee *(Doppelsesselbahn Medelz* bis auf eine Höhe von 2600 m). Vom Alpinzentrum führt der ❄ Gletscherrundweg weiter zum *Sonnblickkees* und der Gletscherlehrpfad zum *Ödenwinkelkees.*

MIT MARCO POLO INS GRÜNE

Über Berg und Tal, zu Fuß oder zu Pferd

Und zuweilen darf es auch eine Seilbahn oder der Autobus sein

WALLERSEE-RUND-WANDERUNG (FLACHGAU)

 Dauer: 4½ Stunden, 17 km; ohne Schwierigkeiten; bequemes Schuhwerk

(E-F 13) Ausgangspunkt ist der Gasthof Fischtaging im Süden des Sees. Der Weg führt zunächst ein kurzes Stück auf der Landstraße Richtung Seekirchen. Hier zweigt rechts ein Fußweg durch das baumlose Ried und über die Fischach zum Schilfgürtel des Sees ab. Vogelbeobachter kommen in diesem Abschnitt auf ihre Rechnung. Die von Mauern umschlossene Seeburg stammt aus dem 11. Jh., in ihr ist gegenwärtig ein Schülerheim untergebracht. Rechts am Campingplatz und Strandbad vorbei gelangt man entlang dem Ufer nach Zell. Nach der Brücke über den Mühlbach geht es rechts am Rand des Moors zunächst über den Altbach und später beim Prager-Fischer über den Wallerbach. In Wied kommt man auf den Fahrweg, der zum Strandcamping Neumarkt führt. Man folgt nun dem Ostufer, vorbei an der Marien-Halbinsel, quert den Weidenbach und kommt nach Seebrunn. Das Strandbad von Henndorf läßt sich umgehen, und am Schlachterbach kommt man auf die Landesstraße, auf der es zum Ausgangspunkt Fischtaging zurückgeht. Die wechselnden Landschaftseindrücke rund um den See machen den Reiz der Wanderung aus.

HOHER SARSTEIN (SALZKAMMERGUT)

Dauer: 5 Stunden, Höhenunterschied 983 m. Die Wanderer sollten mit Bergen vertraut sein, unbedingt Schuhe mit griffigem Profil, wind- und wasserdichte Überbekleidung und ein Fernglas haben.

(G 15) Von der Pötschenhöhe geht es am Rand einer Schottergrube leicht bergan durch den Wald auf eine Lichtung. Hier trifft man auf einen anderen Weg (mit der Alpenvereins-Markierung 691), der allmählich steiler wird und der durch den Graben zwischen Niederem und Kleinem Sarstein führt. Es kommen Felsstufen und sogar ein Stück Eisenleiter, man geht an einer Höhle vorbei und erreicht nach etwa zweieinhalb Stunden die Goiserer Sarsteinalm, eine der höchstgelegenen bewirtschafteten Almen im Salzkammergut. Die Aussicht nach Südwesten auf das Becken des Hallstättersees und auf die dahinterliegenden Zacken des Gosaukamms ist außergewöhnlich. Nach der Rast mit Käse und Milch nimmt der eher leichte Aufstieg auf einem rot markierten Serpentinenweg zum Gipfel mit Gipfelkreuz nur noch rund eine Stunde in Anspruch. Die spektakuläre Aussicht zeigt, daß sich die Mühe gelohnt hat: im Süden der Hohe Krippenstein und der Dachstein mit dem Hallstätter Gletscher, im Südosten Grimming und Kernetgebirge, im Osten Lawinenstein und Tauplitzalm, der Grundlsee und alle Gipfel des Toten Gebirges, im Nordosten der Altausseer See mit Loser und Trisselkogel und im Norden der Sandling. Der Abstieg dauert rund zwei Stunden.

SALZKAMMERGUT-SEEN-HÖHENWEG (SALZKAMMERGUT)

Dauer: Sieben-Tage-Wanderung, 48 km, 18 Stunden Wanderzeit in leicht begehbarem, sonnenseitigem Gelände, zwischendurch auch Bergwege, schöne Aussichtspunkte. 6 Übernachtungen in Talorten. Information und Buchung: Fremdenverkehrsverband 5330 Fuschl am See, Tel. 06226/8250 oder 8384, Fax 8650.

(A-B9) Die Wanderung erfordert keine Gipfelerfahrung. Sie nutzt ein Netzwerk aus Wiesenpfaden, Feldwegen, Flurstraßen und Waldsteigen. Der Wanderer hat Bauernhöfe, Mühlen, Gaststätten, Kirchen und Gipfelkreuze im Blick. Rastbänke gibt es auch. 1. Tag: Anreise nach Fuschl. 2. Tag: zur Einstimmung

Zur Einstimmung geht es einmal um den Fuschlsee

MIT MARCO POLO INS GRÜNE

Wanderung um den See. 3. Tag: 3½ Stunden Wanderzeit. Vom Gemeindeamt Fuschl über das Hochfeld mäßig steil zur Jausenstation bzw. Ruine Wartenfels auf 924 m. Übergang leicht bergab nach Thalgauegg (800 m). Weiter: Abstieg nach Leithen zum Gehöft Eishub und zuletzt auf dem Lehrpfad an der Fuschler Ache nach Thalgau (545 m). 4. Tag: 8 km über das Gehöft Ellmauerhof Richtung Rauchhaus; vom Gehöft Engelbrecht zur Mühle in Waldach; auf dem Öko-Wanderweg an der Fuschler Ache bis zur Schwarzmühle; kurzer steiler Anstieg nach Hof bei Salzburg (739 m). 5. Tag: 8 km, 3 Stunden. Vom Postamt Hof Richtung Gasthof Nußbaumer und auf dem Öko-Wanderweg bis zum Sattel; kurz davor Abstecher zum *Aussichtsturm*, von diesem Felsblock bietet sich ein schöner Ausblick auf Hof und Umgebung. Zurück zum Wanderweg. Vom Sattel (940 m), geht es auf einem Waldweg an die Westseite des Lidaunbergs; sonnenseitiger Abstieg nach Faistenau. 6. Tag: 11 km, 4½ Stunden. Wandertag mit schönen landschaftlichen Kontrasten: Faistenau – Sattelalm (1020 m) – Filbing (1307 m) – Filbingersee (1064 m) – und Fuschl am See (675 m). 7. Tag: Rückreise.

SCHAFBERG (SALZKAMMERGUT)

Dauer: Eine Stunde Fahrt mit der Schafbergbahn. Der dreistündige Abstieg über die Dorneralm erfordert einige Übung und Ausdauer.

(**C 9–10**) Die dampflokbetriebene Zahnradbahn von St. Wolfgang auf den Schafberg nahm sich die 1871 eröffnete Rigibahn in der Schweiz zum Vorbild; sie verkehrt von Mitte Mai bis Anfang Oktober. Der Aussichtsberg bietet einen unvergleichlichen Panoramablick auf die Berg- und Seenlandschaft des Salzkammerguts. 14 Seen sind zu sehen. Im Norden, bis zum flachen Land, reicht der Blick besonders weit. Die Wanderung hinunter führt über die Schafbergalm und von dort weiter auf dem Riedersteig über die Dorneralm talwärts. Längere Abschnitte des Wegs verlaufen fast parallel zur Zahnradbahn.

UM DIE STRUBBERGE (TENNENGAU)

Dauer: 6 Stunden, 18 km. Die vor allem wegen der Wasserfälle sehr erlebnisreiche Wanderung ist nicht schwierig, erfordert aber Ausdauer.

(**F 15**) Als Ausgangspunkt kann die *Aumühle* südlich von Abtenau (712 m) gewählt werden. Zuerst geht es zum Dachser- und Tricklfall, die aus der senkrecht abfallenden Nordwand des Kleinen

Breitsteins (1752 m) hervorkommen. Die verkarsteten Hochflächen des Tennengebirges lassen das Wasser versickern, bis es auf eine undurchlässige Schicht stößt; es sammelt sich und stürzt dann spektakulär die letzte Felsstufe zu Tal. Ein Steig durch die Schutthalden des Kleinen Breitsteins führt von einem Wasserfall zum anderen. Vom Tricklfall gehen Sie zurück auf die Poststraße nach Oberscheffau, an der schwärzlichen Halde eines ehemaligen Manganabbaus vorbei zum Strubberg-Sattel. Von hier führt der mit 14 markierte Weg durch die bewaldete Senke des Klausbachs rund 2 km abwärts und kreuzt einen Güterweg. Der Fußweg (markiert mit 110) leitet über einen Steg auf die linke Talseite, von wo man durch den Wald zum Winnerfall kommt, der aber nur zur Zeit der Schneeschmelze »in Betrieb« ist. Von hier geht es weiter abwärts zum Winkelbauern nach Oberscheffau. Die Rundwanderung schließt die Lammeröfen (Felsauswaschungen) der Lammer mit ein. Am Ende der Klamm folgt man dem Fahrweg, markiert mit 47 bzw. 49. Später auf dem Weg, nun mit 110 markiert, gelangen Sie über Buchegg zum Aubachfall und zum Forsthaus am Eingang des Lienbachtals, weiter geht es das Tal hinauf und von dort auf einem Fahrsträßchen hinab zur Lammerbrücke in der Voglau, wo Sie die Bundesstraße erreichen, der Sie 1 km Richtung Abtenau bis zur Schwarzenbachbrücke folgen. Hier zweigen Sie rechts ab und gehen den Weg 11 über den Fichtelhof und am Schwarzen Bach hinauf bis zum Ausgangspunkt, zum Gasthaus *Aumühle*.

SAMSON-TOUR (LUNGAU)

Dauer: 8 Tage Bergwandern mit dem Lungauer Tälerbus; für alle, die mit dem alpinen Wandern beginnen wollen. Der Eindruck unberührter Hochtäler und stattlicher Zweitausender-Gipfel bleibt unvergessen. 7 Übernachtungen in Talorten; unterwegs gute Einkehrmöglichkeiten bei Schutzhütten und Almen. Gepäcktransfer. Gesamtwanderzeit: 30 Stunden.

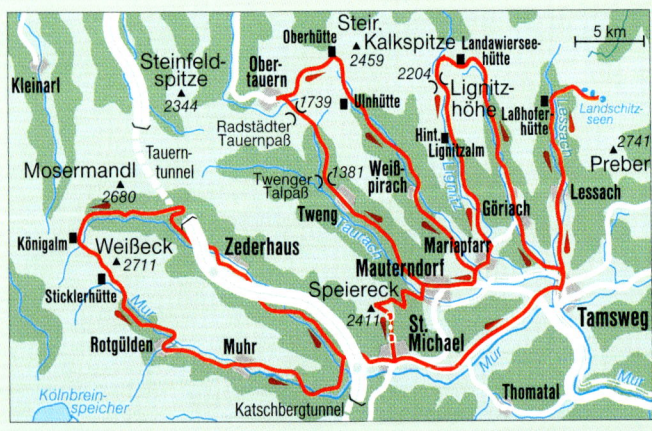

MIT MARCO POLO INS GRÜNE

Selbstverständlich lassen sich aus der gesamten Tour auch Abschnitte heraussuchen. Information und Buchung: Lungau-Information 5580 Tamsweg, Postfach 37, Tel. 0 64 74/60 84, Fax 74 34.

1. Tag: Anreise nach Tamsweg (**H 17**) (1021 m). 2. Tag: Ausflug um Tamsweg zur Wallfahrtskirche St. Leonhard (1110 m), mit schönem Ausblick. 3. Tag: Ins Lessachtal mit dem Tälerbus zur Laßhoferhütte (1280 m), Bergwanderung zu den drei Landschitzseen (2060 m). Zurück zur Laßhoferhütte. Mit dem Tälerbus zurück nach Lessach (1198 m). 4. Tag: von Göriach in das Lignitztal: von Lessach mit dem Tälerbus zum Hüttendorf Göriachtal (1422 m). Aufstieg auf dem Hüttenversorgungsweg über die Zugriegealmen in den Göriachwinkel (1875 m) und zur Landawirseehütte (1985 m). Höchst eindrucksvolles Panorama. Über die Trockenbrotscharte (2237 m) zur Lignitzhöhe (2204 m). Abstieg am Lignitzsee zur Bushaltestelle auf der Lignitzalm (1540 m), dann mit dem Tälerbus nach Mariapfarr (**G 17**). 5. Tag: mit dem Tälerbus nach Obertauern (**G 16**) (1738 m). Wanderung über die Seekarscharte (2010 m) zum Oberschüttensattel (1866 m) und zur Oberhütte. Abstieg in das Weißpriachtal zur Ulnhütte (1300 m), mit dem Tälerbus nach Mauterndorf. 6. Tag: Bergwanderung auf das Großeck (2072 m) zur Speiereckhütte und auf das Speiereck (2411 m). Abstieg zur Peterbauern-Almstube (1900 m). Talfahrt mit der Sesselbahn nach St. Michael (**G 17**). 7. Tag: mit dem Tälerbus über Zederhaus zur Königalm (1700 m). Aufstieg zur Riedingscharte (2275 m) und Abstieg zur Sticklerhütte (1752 m). Mit dem Tälerbus nach Rotgülden (Arsenhaus) und Muhr (1124 m). 8. Tag: mit dem Tälerbus nach Tamsweg. Rückreise.

BÖCKSTEINER HÖHENWEG (PONGAU)

Dauer: 3 Stunden, 10 km; sehr abwechslungsreich und mit vielfältigen Eindrücken; besonders ist auf die reich differenzierte Flora hinzuweisen; ohne große Steigungen; für die ganze Familie.

(**E 17**) Der *Böcksteiner Höhenweg* von der Mittelstation der Stubnerkogel-Gondelbahn (1792 m) hat die Alpenvereins-Markierung 129. Er führt in südliche Richtung zur bewirtschafteten Zitteraueralm, um den Hirschkogel herum und dann steil abwärts zur Böckfeldalm (1536 m). Von hier folgt man einem serpentinenreichen Waldweg hinunter nach Böckstein (1171 m). Zurück nach Bad Gastein geht es über die *Kaiserin-Elisabeth-Promenade*, am linken Ufer der Gasteiner Ache entlang. Die Ausblicke unterwegs, hinunter ins Gasteinertal auf Bad Gastein, ins Anlauf- und Naßfeldertal, sind überaus prächtig. Empfehlenswert ist ein rund 20minütiger Abstecher von der Zitteraueralm zum Hirschkarkogel (1990 m), von wo sich ein grandioser Panoramablick bietet.

KÖTSCHACHTAL (PONGAU)

Dauer: 3 Stunden, 11 km.
(**F 17**) Die beliebteste Wanderung der Gasteiner Sommer- und Kurgäste in das landschaftlich reizvolle Kötschachtal ist ohne Schwierigkeiten.

Sehr zu empfehlen ist aber auch eine Fahrt mit dem Pferdeschlitten im Winter.

Eine schmale Straße, die für den öffentlichen Verkehr gesperrt ist, führt vom Hoteldorf *Grüner Baum* (1064 m) rund 5 km taleinwärts zum *Gasthaus Prossau*. Diese Wanderung können auch Familien und ältere Menschen ohne weiteres bewältigen.

Die Aussicht auf die Berge der Tischlerspitzgruppe und auf den Hölltorgrat verfehlt nicht zu beeindrucken. Davor ist der mächtige Böcksteinkogel (2527 m) zu sehen. Auf halber Strecke läßt sich, rechts abzweigend, ein Abstecher in die hintere Prossau machen, in einen von imposanten Felswänden hufeisenförmig umgebenen Talkessel mit mehreren Wasserfällen. Zwischen dem Gasthaus Prossau und dem Hoteldorf Grüner Baum wird auch eine Buslinie betrieben.

ALEXANDER-EINZINGER-WEG (PINZGAU)

Dauer: 6 Stunden. Für ausdauernde, geübte, gut ausgerüstete Bergwanderer.

(**D 16-17**) Von höchster Höhe gibt es grandiose Ausblicke hinunter ins Tal und auf die Stauseen der Kraftwerksgruppe Glockner-Kaprun. Der Weg mit der rot-weißen Markierung 1C verbindet an der Westflanke des Kapruner Tals den Maiskogel mit der bewirtschafteten Krefelderhütte. Der Maiskogel ist von Kaprun aus mit der Seilbahn zu erreichen. In einem großen Abschnitt, von der Drei-Wallner-Höhe (1859 m) bis zur Stangerhöhe (2212 m), verläuft er im Kammbereich, so daß sich links und rechts herrliche Ausblicke unter anderem auf die hohen Gipfel des Kapruner Tals bieten. Der Aufstieg zur Stangerhöhe dauert mit 700 m Höhenunterschied zwei Stunden. Von hier zur Krefelderhütte geht es bei herrlicher Sicht auf mächtige Gipfel und Gletscher drei Stunden über Geröll fast eben weiter.

Beim Abstieg von der Krefelder- zur Salzburgerhütte empfiehlt sich unbedingt ein kleiner Abstecher zum Geißstein (2330 m). Der Rundblick von dort ist überwältigend. Nur Ehrgeizige steigen von der Salzburgerhütte ab, die anderen benutzen die Kitzsteinhorn-Seilschwebebahn.

PFERD ALPIN (PINZGAU)

Dauer: Acht-Tage-Wanderreiten durch die Kitzbüheler Alpen und im Nationalpark Hohe Tauern, mit fachkundiger Begleitung für Reiter mit mindestens einjähriger Erfahrung. Die Touren sind festgelegt, werden aber der Witterung angepaßt. 5 Übernachtungen im Tal, 2 auf hohen Almen. Information und Buchung: Hannspeter Gantner, 5741 Neukirchen am Großvenediger 334, Tel. 0 65 65/66 30, Fax 6 63 04.

(**C 16-17**) Wasserfälle, Murmeltiere, Alpenrosenfelder, blaue Teppiche von Enzian, zwischendurch Galoppstrecken im Talboden, all das ist im Wanderreiten mit trittsicheren und ausdauernden Pferden inbegriffen. 1. Tag: Anreise nach Neukirchen (858 m). 2. Tag: quer über das Salzachtal zum Blausee im Obersulzbachtal und zurück nach Neukirchen. 3. Tag: Ritt auf den

MIT MARCO POLO INS GRÜNE

Eine wohlverdiente Hüttenrast bei Käse und Milch

Wildkogel bis zum Gipfelkreuz (2225 m). Übernachtung im Wildkogelhaus (2000 m). 4. Tag: durch das Mühlbachtal zurück in das Salzachtal, auf der anderen Seite bergauf zum Gasthof *Berghof* in Hollersbach. 5. Tag: im Galopp nach Stuhlfelden. 6. Tag: Ritt westlich vom Paß Thurn über den »Zweitausender« zur Panorama-Alm (2200 m). 7. Tag: zurück nach Neukirchen. 8. Tag: Abreise.

PINZGAUER SPAZIERGANG (PINZGAU)

Dauer: 6 Stunden für 26 km bis zur Bürglhütte. Viele, aber nur geringe Steigungen.

(**D 16**) Der Pinzgauer Spaziergang zählt zu den schönsten Höhenwegen der Ostalpen und ist auch für weniger Geübte gut geeignet, verlangt allerdings Ausdauer.

Von Zell am See fährt man mit der Seilbahn zur Schmittenhöhe auf 1965 m. Der Weg zieht sich auf der Sonnenseite hoch über dem Salzachtal ohne größere Höhenunterschiede dahin und bietet fast an jeder Stelle eine schöne Aussicht auf den Oberpinzgau, seine gegen Süden ansteigenden Seitentäler und auf die Kette der Hohen Tauern. Der mit 719 markierte Weg westwärts führt auf rund 2000 m über Almen und immer wieder an Scharten, »Törln« genannt, vorbei. Er bietet überraschende Ausblicke nach Norden auf die Berge um das Glemmtal und die Salzburger Kalkalpen. Der Abstieg von der Bürglhütte nach Stuhlfelden im Tal dauert 2½ Stunden. Von dort verkehrt der Autobus nach Zell am See.

SAALACHTALER RUNDWEG (PINZGAU)

Familienfreundliche Acht-Tage-Wanderung, 7 Übernachtungen in Talorten. Die Etappen können je nach Kondition variiert werden, von 3 bis 8 Stunden Wanderung täglich.

»Wandern ohne Gepäck«, Gepäcktransfer von Unterkunft zu Unterkunft. Information und Buchung: Tourismusverband Saalfelden, Tel. 0 65 82/7 25 13, Fax 7 53 98.

(E 16) 1. Tag: Anreise nach Saalfelden. 2. Tag: 17 km in 5 bis 6 Stunden von Saalfelden nach Biberg, auf dem Saalachtaler Höhenweg, mit der Jahnhütte als Zwischenstation nach Maishofen. 3. Tag: 13 km in 6 Stunden von Maishofen über die Schwalbenwand nach Maria Alm. 4. Tag: 8 km in 2 bis 3 Stunden bergauf nach Hintermoos. 5. Tag: 9 km in 4 bis 5 Stunden. Leichte Bergwanderung im Blickfeld des Hochkönigs von Hintermoos über die Lettenalm nach Dienten. 6. Tag: 11 km in 4 bis 5 Stunden vom alten Gehöft Zachhof zum Wanderweg Hinterdienten, vorbei an den Gehöften Priesterhöfl, Innerhöfl, Schneggbauer bis vor den Dientener Sattel. Von dort geht es steil zur Erichhütte auf die Schönbergalm. Der Abstieg erfolgt auf dem Weitwanderweg über die Pichalm nach Hinterthal. 7. Tag: 14 km in 5 bis 6 Stunden auf dem Weitwanderweg zum Gasthof Wachtjufen und vom bewaldeten Natrun nach Maria Alm hinunter. Zuletzt in einer kleinen Gegensteigung nach Ramseiden und Saalfelden. 8. Tag: Rückreise. Die Wanderer nehmen unvergeßliche Eindrücke von den Almen, Klammen, Schluchten und Wasserfällen mit.

RUND UM DEN ZELLERSEE (PINZGAU)

 Dauer: 3 Stunden, rund 11 km, keine Schwierigkeiten.

(D–E 16) Die Lage des rund 4 km langen und bis zu 1,5 km breiten Zellersees mit seiner Einrahmung durch die imposanten Berge der Glocknergruppe und des Steinernen Meers, darunter die charakteristische Spitze des Kitzsteinhorns (3203 m), macht den Rundweg zum Erlebnis.

Der Weg folgt den Promenaden des West- und Nordufers. Im Süden des Sees führt der *Karl-Vogt-Weg* durch das Landschaftsschutzgebiet des Zeller Mooses, das zu jeder Jahreszeit alle Erwartungen eines Romantikers erfüllt. Der Baumbestand im Riemannpark von Thumersbach ist sehenswert.

PRAKTISCHE HINWEISE

Von Auskunft bis Zoll

Die wichtigsten Adressen und Informationen für den Urlaub in Salzburg und im Salzkammergut

AUSKUNFT

In Deutschland
Österreich-Information
82019 Taufkirchen, Postfach 12 31, Tel. 089/66 67 01 00, Fax 66 67 02 00

In Österreich
Salzburg
Salzburger Land Tourismus GmbH, Postfach 1, 5300 Hallwang, Tel. 06 62/6 68 80, Fax 66 88 66

Salzkammergut
Ferienregion Salzkammergut, Wirerstraße 10, 4820 Bad Ischl, Tel. 0 61 32/26 90 90, Fax 2 69 09 14

In der Schweiz
Österreich-Information
8036 Zürich, Zweierstrasse 146, Wiedikerhof, Tel. 01/4 51 15 51, Fax 4 51 11 80

ARZT/APOTHEKE

Besorgen Sie sich einen internationalen *Urlaubskrankenschein*. Sollte ein Arzt ihn nicht akzeptieren, müssen Sie die Behandlung erst einmal bar bezahlen.

Den *Ärztenotdienst* erreichen Sie unter der Tel.-Nummer *141*.

Apotheken sind *Mo–Fr 8–12* und *14–18, Sa 8–12 Uhr* geöffnet.

AUTO

Informationen in Deutschland beim *ADAC (Tel. 089/7 67 60)*, in der Schweiz beim *Touring Club Suisse (Tel. 022/7 35 80 00)*.

Salzburg: *SAMTO Pannenhilfe, Tel. 120; ÖAMTC Euro-Notruf, Tel. 01/9 82 13 04; ARBÖ Pannenhilfe, Tel. 123; ARBÖ-Reisenotruf, Tel. 01/78 25 28; Euro-Notruf, Tel. 112*

Tempolimit: Autobahnen 130 km/h, Bundesstraßen 100 km/h.

Die *Promillegrenze* beträgt 0,8.

In der Stadt Salzburg gibt es Vertretungen der üblichen *Mietwagenfirmen*.

BANKEN

Im allgemeinen gelten folgende Öffnungszeiten: *Mo–Fr 8–12.30* und *13.30–15.30 Uhr*. Eurocheques werden in der Regel akzeptiert, Kreditkarten meist auch.

BUSSE

Zentrale Autobusauskunft Wien zum Ortstarif, Tel. 0660/51 88

CAMPING

Salzburg und das Salzkammergut bieten eine perfekte Infrastruktur an Campingplätzen. Wildes Campen ist nicht erlaubt.

Weitere Informationen über den *ADAC, Am Westpark 8, 81373 München, Tel. 089/7 67 60* oder den *Österreichischen Camping-Club (ÖCC), Schubertring 1–3, 1010 Wien, Tel. 01/7 13 61 51*, der auch Camping-Pauschalreisen organisiert. Die *Salzburger Land Tourismus GmbH, Postfach 1, 5300 Hallwang, Tel. 06 62/6 68 80, Fax 66 88 66*, ist Herausgeberin von »Camping im Paradies«.

DIPLOMATISCHE VERTRETUNG

Deutsches Honorarkonsulat
Bürgerspitalplatz 1, 5020 Salzburg, Tel. 06 62/8 41 59 10, Mo–Fr 9–12 Uhr

Schweizer Konsularagentur
Alpenstraße 85, 5033 Salzburg, Tel. 06 62/62 25 30, Mo–Do 8–12 und 13–17, Fr 8–12 Uhr

EINREISE

Reisepaß oder gültiger Personalausweis genügt für die Einreise bei einem Aufenthalt von nicht länger als drei Monaten. Für Kinder unter 16 Jahren reicht eine Eintragung im Paß der Eltern.

NOTRUF

Feuerwehr: 122
Polizei: 133
Rettung: 144

POST

Postkarte ins Ausland: 6 öS; Brief ins Ausland: 7 öS.

RADFAHREN

In den meisten Orten kann man Fahrräder und Mountainbikes ausleihen – und häufig geführte Rad- und Mountainbike-Touren (für Anfänger und Fortgeschrittene) buchen. In *Bischofshofen* existiert eine Mountainbike-Schule: *Sportcenter Juss, Sparkassenstraße 22, Tel. 0 64 62/41 96.*

RESTAURANTS

Der Betrieb in den Restaurants beginnt meist um 11 Uhr. Die Küche hat abends normalerweise bis 21 Uhr, nur im Juli/August bis 22 Uhr und in Ausnahmefällen (etwa während der Festspiele) länger geöffnet. Mindestens ein Tag in der Woche ist Ruhetag.

TELEFON

Telefongespräche innerhalb von Österreich sind nach Zonen gestaffelt und zwischen 18 und 8 Uhr sowie am Wochenende verbilligt. Das gilt jedoch nicht für Auslandsgespräche. Ein drei- bis vierminütiges Gespräch nach Deutschland oder in die Schweiz kostet ca. 30 öS.

Vorwahl nach Deutschland:
0049 + Ortsvorwahl ohne Null + Telefonnummer
Vorwahl in die Schweiz:
0041 + Ortsvorwahl ohne Null + Telefonnummer
Vorwahl nach Österreich:
0043 + Ortsvorwahl ohne Null + Telefonnummer

TIERE

Für Hunde und Katzen ist ein tierärztliches Gesundheitszeug-

PRAKTISCHE HINWEISE

nis mit aktuellem Tollwutimpfungsnachweis erforderlich.

TRINKGELD

Bei Kellnerinnen und Kellnern macht das Trinkgeld einen hohen Anteil am Lohn aus. Zufriedenstellende Bedienung sollten Sie daher auf jeden Fall mit etwa zehn Prozent des Rechnungsbetrags honorieren.

ZOLL

Waren, die Sie in der EU gekauft haben, dürfen Sie wie folgt ein- bzw. in ein anderes EU-Land auch wieder ausführen: 800 Zigaretten, 400 Zigarillos, 200 Zigarren, 1 kg Rauchtabak; 10 l Spirituosen (über 22 %), 60 l Schaumwein, 90 l Wein (unter 22 %), 110 l Bier. Es handelt sich hier um Richtwerte. Können Sie glaubhaft machen, daß die Waren Ihrem Eigenverbrauch dienen, sind auch größere Mengen erlaubt.

Für Reisende aus Nicht-EU-Ländern (also etwa aus der Schweiz) gelten knappere Grenzen: 200 Zigaretten oder 100 Zigarillos oder 50 Zigarren oder 250 g Tabak; 1 l Spirituosen; 2 l Bier, Wein oder Schaumwein.

Viele Waren aus Drittländern sind zollfrei oder zollbegünstigt, sofern die EU mit dem jeweiligen Land ein Freihandelsabkommen geschlossen hat.

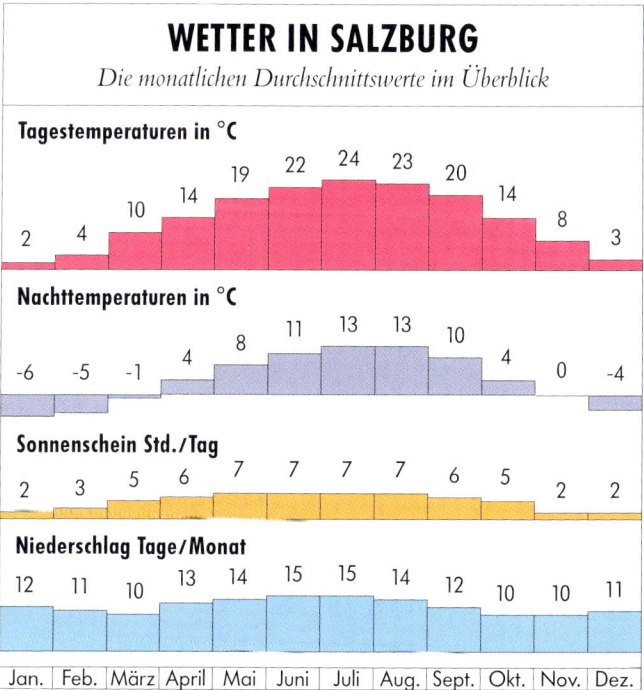

Bloß nicht!

Damit sich der Gast nicht unnötig in Gefahr bringt

Abgeschleppt
Es empfiehlt sich nicht, mit dem Auto in die Stadt Salzburg zu fahren, weil die Parkgelegenheiten rar sind. Von den Einfahrten Nord und Süd gibt es Shuttle-Verbindungen ins Zentrum. Das Netz öffentlicher Verkehrsmittel ist gut ausgebaut. In der Fußgängerzone der Altstadt verkehren City-Busse. Oft parken Pkw sogar auf den Busspuren. Regelmäßig wird zwischen 10 und 11 Uhr abgeschleppt. Die Einheimischen kennen das Ritual, daher finden sich stets Zuschauer für das Ereignis ein. Rigoros abgeschleppt wird auch von jenen Parkplätzen, die für Behinderte vorgesehen sind, und das Auslösen des Autos ist nicht billig.

Blauäugig in den Bergen wandern
Bloß nicht Tennisschuhe für das Bergwandern verwenden. Die richtige Ausrüstung kann entscheidend sein. Die häufigste Ursache der Bergunfälle besteht darin, daß die Betroffenen ihre eigenen Fähigkeiten überschätzt haben. Sie schaffen den Aufstieg, gelangen aber auf dem Rückweg an den Rand ihrer Kräfte und reagieren dann bei einem überraschenden Schlechtwettereinbruch panisch. Es ist wichtig, beim Aufbruch von der Pension oder einer Hütte Angaben über Weg und Ziel zu hinterlassen, für den Fall, daß eine Suchaktion nötig werden könnte. Schneefelder und Gletscher in Hochlagen sollten nicht ohne Führer betreten werden. Die Gletscherspalten sind tückisch.

Lawinengefahr
Jeden Winter gibt es in den Bergen des Salzkammerguts und des Salzburger Lands Lawinenopfer zu beklagen. In allen Skigebieten sind jene Bereiche genau ausgewiesen, die lawinengefährdet sind. Trotzdem kommt es immer wieder vor, daß einzelne Skifahrer ausbrechen. Bloß nicht der Versuchung nachgeben und ihnen nachfahren! Die Schneedecke hält vielleicht den ersten Fahrer aus und den zweiten, aber beim dritten kann es zur Auslösung der Lawine kommen. Es ist dumm, sich auf irgendwelche Risiken und Abenteuer einzulassen, die Gefahren sind viel zu groß.

Stiere
Der Urlaub auf dem Bauernhof kann insbesondere für Kinder reizvoll sein. Sie lernen unter anderem den Umgang mit Tieren kennen. Es ist aber nicht ratsam, sich Tieren auf der Weide allzu vertraulich zu nähern. Stiere, aber auch Widder können aggressiv reagieren.

REGISTER

In diesem Register finden Sie alle Orte und viele Sehenswürdigkeiten. Halbfette Seitenzahlen verweisen auf den Haupteintrag, kursive auf ein Foto.

Orte

Abtenau 62, **64**
Adnet 61
Alexander-Einzinger-
  Weg 96
Almkanal 15
Altaussee 6, 48, *54*, **55**
Altenmarkt 26, 63, **64**
Altmünster 6, **50**
Anif 33
Annaberg-Lungötz 64
Au 7
Bad Aussee *15*, 27, **55**
Bad Dürrnberg *70*, 71
Bad Gastein 9, **66f.**, 95
Bad Goisern 16, 22, **56**
Bad Hofgastein 9, **68**, 69
Bad Ischl 5, 6, *12*, 13, 16,
  21ff., 23, 27, *46*, 48, **52**
Benediktinerabtei
  Michaelbeuern 44
Bergheim 33
Bischofshofen 26, **68**
Bischofsmütze *60*
Böcksteiner
  Höhenweg 95
Bramberg 81
Bruck 8, **87**
Dachstein *4*, 48, **52**
Dorfgastein 9, **67**
Dürrnberg 11, 16, 61, 70
Ebensee 6, **50**
Eisriesenwelt
  bei Werfen 70
Elsbethen 33
Faistenau 13, 27, 93
Filzmoos 63, **65**, 66
Flachau 63
Fusch 88
Fuschl **43**, 92f.
Gasteinertal 9, 26, 63
Gmunden 5, 6, 19, 22,
  23, 26, **49f.**
Goldegg 63
Golling 17, 62, **72**
Grödig 13, 27
Großgmain 33
Grundlsee *26*, 56
Güldensee 79
Habachtal 81
Hallein 6, 7, 13, 16, 17,
  19, 61, **70f.**
Hallstatt
  6, 13, 48, **50f.**, *51*
Haunsberg 32, 45
Heilbronner
  Rundwanderweg 48
Heiligenblut 8

Henndorf 33
Hohensalzburg 10, **29f.**
Hoher Sarstein 91
Höllengebirge 48
Hollersbach 88
Kaiserbuche 32
Kaiservilla, Ischl *46*, 53
Kammer 57
Kaprun 81, *88*, **89**, 96
Katrin-Alm 56
Kolm Saigurn 83
Kötschachtal 95
Krimml *80*, 81, **89**
Krispl 62
Kuchl 62, **72**
Leogang 81, 82, **85**
Lessach 75
Lichtensteinklamm 73
Lienz 8
Lofer 82, **85**
Maria Alm 85
Maria Plain 42
Mariapfarr 78
Mattsee 44f., *45*
Mauterndorf *74*, 76
Michaelbeuern 44f.
Mittersill 8, 81, **89**
Mondsee
  12, 13, 23, 27, **56f.**
Muhr 27
Nationalpark
  Hohe Tauern **81**, 96
Neukirchen **90**, 96
Oberndorf 13, 27, *45*
Obertauern 63, **65**
Obertrum 33, 45
Oberwang 57
Postalm 64
Piesendorf 90
Prebersee 78
Puch 7
Radstadt 63, **65**
Ramingstein 75, **78**
Rauris 12, 26, **82**
Raurisertal 9
Saalbach 81, **83**
Saalfelden 81, 82, **84**, 98
Salzach 9
Salzburg 10ff., 15, 16, 19,
  20, 22, *24*, 25, *26*, *28*,
  29, 30, *32*, **33ff.**, *37*,
  40, *42*, 102
St. Gilgen 57f., *58*
St. Johann 26, 63, **72f.**
St. Koloman 62
St. Lorenz 57
St. Michael 77
St. Wolfgang 6, **58f.**
Sauerfeld 78

Schafberg **59**, 93
Schörfling 26, **57**
Seewalchen 57
Sportgastein **63**, 67
Sportwelt Amadé 63, 64
Strubberge 93f.
Tamsweg **77**, 95
Tauernautobahn *8*
Tennengebirge **61**, 94
Thomatal 78
Totes Gebirge 48
Traunkirchen 6, **50**
Unken 85
Untersberg 32, 61
Uttendorf 81, **90**
Vigaun 62, **72**
Wagrain 63
Wallersee 57
Weißpriach 79
Werfen 19
Zederhaus 27
Zell am See
  81, **86ff.**, *87*, 97
Zellersee 98

Sehenswürdigkeiten in der Stadt Salzburg

Barockmuseum 38
Carolino
  Augusteum 38
Dom 33
Dommuseum 38
Durchhäuser 16, 30
Festung Hohensalzburg
  29f., 34
Freilichtmuseum 38
Friedhof St. Peter 34
Friedhof
  St. Sebastian 35
Fürsterzbischöfliche
  Hofapotheke 35
Getreidegasse
  21, 32, *32*, **35**, 39
Haus der Natur 38
Maria Plain 42
Mozarts
  Geburtshaus 35, *37*
Mozarts
  Wohnhaus 36
Pferdeschwemmen 36
Residenz 36
Residenzgalerie 38
Rupertinum 39
Schloß Hellbrunn 41
Schloß Mirabell 36
Stift Nonnberg 30, **36**
Zwerglgarten 37

Was bekomme ich für mein Geld?

 Eine Mark müssen Sie mit ungefähr sieben österreichischen Schilling (öS), einen Schweizer Franken etwa mit acht Schilling umrechnen. Studenten mit gültigem Ausweis erhalten in öffentlichen Museen, auf der Bahn und auch in manchen Theatern und Konzerten wesentliche Ermäßigungen. Die Salzburger Festspiele haben ein Jugendabonnement eingerichtet. Die Bahn hat für Familien mit Kindern auch einen eigenen Familienausweis aufgelegt, der das Bahnfahren wesentlich verbilligt.

Vorsicht: Getränke können in Schutzhütten und am Kiosk von Aussichtspunkten teurer sein als in einem Luxushotel. Alkoholfreie Getränke und Mineralwasser sind in der österreichischen Gastronomie unverhältnismäßig teuer. Ein Glas Limonade oder Mineralwasser kann zwischen 19 und 50 öS kosten, ein Krügel Bier ($1/2$ Liter) zwischen 25 und 40 öS.

Beim Wein ist zwischen offenem Schankwein ($1/4$ l ca. 25–40 öS) und glasweise ausgeschenktem Bouteillenwein zu unterscheiden; von letzterem kann ein Glas ($1/8$ l) durchaus 70–80 öS kosten.

Über den Preis von Fiaker- und Pferdeschlittenfahrten muß man sich unbedingt im vorhinein erkundigen, 1000 öS für eine kleine Ausfahrt sind die Norm. Die Kosten für Skilehrer und Bergführer müssen als Faktor im Reisebudget eingerechnet werden.

DM	öS	öS	DM
1	7,03	1	0,14
2	14,05	5	0,71
3	21,08	10	1,42
4	28,10	20	2,85
5	35,13	25	3,56
10	70,25	30	4,27
20	140,50	40	5,70
30	210,75	50	7,12
40	281,--	75	10,68
50	351,25	100	14,24
60	421,50	150	21,36
70	491,75	200	28,48
80	562,--	300	42,72
90	632,25	400	56,96
100	702,50	500	71,20
200	1.405,--	1.000	142,40
300	2.107,50	2.500	356,--
500	3.512,50	5.000	712,--
750	5.268,75	7.500	1.068,--
1.000	7.025,--	10.000	1.424,--

Bei Scheckzahlung/Automatenabhebung am Urlaubsort berechnet die Heimatbank die obenstehenden Kurse.
Stand: September 1997

Damit macht Ihre nächste Reise mehr Freude:

Die neuen Marco Polo Sprachführer. Für viele Sprachen.

Sprechen und Verstehen ganz einfach. Mit Insider-Tips.

Das und vieles mehr finden Sie in den Marco Polo Sprachführern:
- Redewendungen für jede Situation
- Ausführliches Menü-Kapitel
- Bloß nicht!
- Reisen mit Kindern
- Die 1333 wichtigsten Wörter